하나님을
만나는 법

하나님을 만나는 법

신상래 지음

좋은땅

들어가기

먼저, 이 책은 성경말씀을 현학적이고 신학적인 관점으로 풀어내어, 관념적이고 사변적인 해석과 더불어 맛깔스럽게 양념을 쳐서 내놓은 이야기가 아니다. 그래서 성경 지식을 더 쌓아 두어 지적 욕구를 충족시키고 싶은 사람들에게는 맞지 않다. 거꾸로, 이 글은 기존 교회에서 별로 들어 보지 못한 투의 말들이 툭툭 튀어나올 것이다. 그러한 이유는 필자의 개인적인 경험을 토대로, 성경말씀을 증명하면서 확인하는 작업을 거친 결과물이기 때문이다. 그러므로 삶의 현장에서 검증이 되지 않는 신학지식이나 교회에서 관행적으로 받아들여진 교단교리의 관점으로 필자의 이야기를 읽는다면, 필시 당혹스러운 결과를 맞이하게 될 공산이 크다. 그렇다고 필자의 개인적인 경험을 소설형식으로 쓴 것은 아니다. 오롯이 성경구절을 근거로 대면서 말씀에 합당한 내용을 토대로 썼으니까 그 점은 안심해도 된다.

이 책은 좀 특별하다. 왜냐면 하나님을 만난 경험을 바탕으로 썼기 때문이다. 허다한 목회자들이나 그리스도인들도 이러한 투의 이야기를 즐거 쓴다. 그러나 그들의 의견은 성경에서 말하는 증거가 부족하다. 물론 개인적인 경험을 은혜나 응답이라는 단어를 차용해서 사용한 것이므로, 그 잣대가 성경적이며 성령의 증거가 있는지 알 수 없는 노릇이다. 그러나 필자가 말하는 경험은 성경에서 말하는 잣대와 성령께서 말씀하시는 내용을 교차해서 검증했다는 점이 다르다. 그래서 필자가 특별하다고 말하는 이유이다. 물론 이러한 말조차 분별이나 검증이 필요한 것은 물론이다.

그렇다면 필자가 왜 이런 주제의 책을 쓰게 되었는지 궁금하신 분도 있을 것이다. 그 이유는 성령께서 필자에게 하나님을 만나는 기도훈련을 명령하셨기 때문이다. 그래서 그동안 인터넷 카페나 블로그에 수천 개의 칼럼을 올려놓았고, 유튜브 채널에도 적지 않은 동영상을 올리고 있다. 그러나 그 내용이 오로지 기도훈련에 대해서 초점을 맞추어 놓은 것이 아니라 다양한 주제가 섞여 있기 때문에, 하나님을 만나는 기도에 대한 주제에 충실한 책을 낼 필요가 점점 커졌다. 덧붙여서, 그간 우리네 교회가 하나님을 만나는 기도훈련에 대해 무관심해 왔기 때문이다. 이것이 하나님을 만나지 못한 교인들이 예배의식에 참석하거나 희생적인 신앙행위를 반복하는 종교인으로 전락하게 된 큰 원인이다. 그래서 신앙의 연륜이 오래되었거나 지극정성으로 담임목사의 명령에 순종하는 교인이 되기는 했지만, 성경에서 말하는 하나님의 약속이나 성령의 능력을 경험하지 못하고 있다. 교회 마당을 열심히 밟아도 하나님을 만나지 못한 탓이다. 그러나 주제넘게 필자가, 우리네 교회가 이런 사역을 하지 않는다고 비난하면서 팔을 걷어붙이는 것은 아니다. 아마도 이 글을 읽는 분들은 필자의 주장을 받아들이기 어려울 것이다. 우리네 교회에서는 성령으로부터 말을 듣는 예언의 은사를 인정하지 않기 때문이다. 그래서 필자의 말이 철저하게 성경적인지, 성령의 증거와 열매가 있는지를 분별하시라고 간곡하게 부탁드린다.

어쨌든 책의 제목이 시사해 주듯이, 이 책은 하나님을 만나는 방법에 대해 기록하고 있다. 그러므로 이 책의 방법을 통해서 하나님을 만날 수 있어야 한다. 그렇지 못하다면 빛 좋은 개살구에 불과할 것이다. 사람들은 마음에 드는 음악을 들으며 즐거워하듯이 책을 읽으면서 자기 위안과 자기만족을 누리려고 한다. 그러나 이 책은 당신의 기대에 찬물을 끼얹을 것이 틀림없다. 다시 말하지만, 이 책의 목적은 하나님을 만나는 방법을 제시해 주는 것이다. 그러므로 이 책의 방식을 올곧게 따라가기만 하면 성경의 위인들이 만난 살아 계신 하나님과 삶의 현장에서 동행하는 삶을 살 수 있을 것이다.

물론 먼저 필자가 그런 삶을 살고 있어야 할 것이다. 그러나 필자가 그런 사람이라고 고래고래 소리를 지르더라도 삶에 그 증거와 열매가 없다면 아무도 믿지 않을 것이다. 그동안 필자는 인터넷 포털사이트의 블로그나 카페에 5,000여 개의 칼럼을 실었으며, 유튜브 채널에 5,500여 개의 동영상을 올려놓았다. 그동안 필자의 글을 읽은 사람들만 해도 수만 명이 족히 될 것이다. 그러나 그들 상당수는 필자의 말을 믿지 못했다. 필자가 지금까지 2,000번이 넘는 기적을 경험하면서 성령께서 예언하신 대로 성취된 것을 확인하고 분별하라고 말했지만 말이다. 그러나 그들이 보여 주는 반응을 이해하지 못하는 바는 아니다. 그동안 살아오면서 그런 사기꾼과 허풍선이를 적지 않게 보아 왔기 때문이다. 필자 역시 그런 반응을 보이는 사람들을 수도 없이 겪었다. 그러나 필자의 사역이 10년이 족히 넘었으며, 기도훈련에 참여했던 수많은 사람들이 기적과 이적을 체험하고 눌러앉아 영성학교 공동체 식구가 되기로 결심하였다. 그러므로 이제는 필자의 말이 진짜인지 확인하는 게 그리 어렵지 않다.

'하나님을 만나는 법'이라는 제목처럼 이 책의 목적이 성취되려면, 이 책에서 말하는 대로 기도훈련을 한 사람들이 성경에서 약속한 성령의 능력과 열매를 풍성하게 맺는 것으로 증명해야 할 것이다. 물론 책을 한 번 읽고 따라 한다고 쉽게 얻어지는 것은 아니겠지만 말이다. 어쨌든 필자가 감히 하나님을 부르는 기도를 통해 하나님을 만나고 동행하는 삶을 살고 있다는 것을 인정한다면, 이 책의 내용에 진지하게 관심을 가지고 면밀하게 확인하는 작업을 해야 할 것이다. 그래야 이 책이 숨은 진주를 감추고 있는지, 아니면 허풍선이가 불어넣은 빵빵한 풍선에 불과한지 알 수 있을 것이다.

충주의 한적한 시골에서
쉰목사

1부

하나님을
만나는 것에 대하여

누군가를 지속적으로 만나고 있다는 것은 그와 인격적으로 교제하고 있다는 뜻이다. 그래서 대화도 나누며 감정도 공유하며 함께 즐거운 시간을 가질 것이다. 새로운 친구를 사귄다고 생각해 보면, 누군가를 만나는 행위가 무엇인지 그리 어렵지 않게 알 수 있다. 그러나 그게 사람이 아니고 하나님이라면 생각이 달라진다. 하나님은 육체의 눈으로 보이지 않으며 대화도 귀에 들리지 않기 때문이다. 그래서 우리네 교회에서는 성경말씀을 근거로 내세워서 이미 하나님과 만났다는 것을 의심하지 말라고 한다. 그러고는 그게 믿음이라고 강요하고 있다. 그렇다면 만났다고 확신하기만 하면 실제로 만난 것인가?

믿음은 최면이 아니다. 최면술사가 편안한 의자에 앉히고서 지금 누군가를 만나고 있다고 자신에게 자꾸 말하면 실제로 만난 것처럼 생각이 들 것이라는 것과 무엇이 다른가? 하나님은 눈에 보이지 않는 영적 존재이시기 때문에 자신이 확신하고 주장하는 데 그치지 않고, 만났다고 주장하는 것에 대한 잣대가 분명해야 할 것이다. 그 잣대는 두 가지이다. 성경말씀과 정확하게 맞아야 하고, 성령의 증거와 변화, 능력과 열매로 증명해야 할 것이다. 그러나 자신 역시 이를 판단하는 분별력이 있어야 함은 물론이다. 분별력이 없다면 누구의 주장이 맞는지 판단할 수가 없을 것이다. 그래서 먼저 하나님을 만나는 것에 대한 성경의 잣대를 면밀하게 검토할 필요가 있을 것이다.

1

성경에서 말하는 하나님을 만난 사람

———

여호와께서 요셉과 함께 하시므로 그가 형통한 자가 되어 그의 주
인 애굽 사람의 집에 있으니 그의 주인이 여호와께서 그와 함께 하
심을 보며 또 여호와께서 그의 범사에 형통하게 하심을 보았더라

(창 39:2~3)

요셉은 드라마틱한 인생을 살다 간 입지전적인 인물이다. 그는 아버
지 야곱의 총애를 받았지만 그를 시기한 형들에 의해 지나가던 상인에
게 노예로 팔렸다. 그래서 그는 애굽의 군대장관 보디발의 집에서 가정
을 돌보는 종으로 일하던 중, 보디발의 아내의 모함을 받아 기약 없는 지
하감옥에서 혹독한 청춘의 시간을 보내야만 했다. 그가 지하감옥에서
있던 기간은 무려 10년은 되었을 것이다. 그러나 고난의 기간이 지나자
애굽의 국무총리가 되는 기막힌 반전으로 럭셔리한 인생을 구가하게 되
었으니 세상에 이런 놀라운 일도 없을 것이다. 이러한 삶의 여정에 대해,

성경은 하나님께서 그와 함께하셨다는 간단한 설명으로 대신하고 있다.

> 내가 네게 명령한 것이 아니냐 강하고 담대하라 두려워하지 말며
> 놀라지 말라 네가 어디로 가든지 네 하나님 여호와가 너와 함께 하
> 느니라 하시니라(수 1:9)

위의 구절은 하나님께서 여호수아에게 하신 말씀이다. 그가 이스라엘 백성들을 이끌고 가나안 땅으로 입성할 때, 하나님은 그와 항상 함께하겠다고 약속하셨다. 그래서 그는 놀라운 능력으로 가나안의 여러 족속들을 무찔러 정복해 나갔음은 물론이다. 그러므로 하나님이 함께하시는 사람들은 관념적인 이해가 아니라 삶의 현장에서 놀라운 하나님의 능력을 드러내야 할 것이다. 그것이 하나님을 만난 증거가 아니고 무엇이겠는가?

> 만군의 하나님 여호와께서 함께 계시니 다윗이 점점 강성하여 가
> 니라 … 블레셋 사람들이 다시 올라와서 르바임 골짜기에 가득
> 한지라 다윗이 여호와께 여쭈니 이르시되 올라가지 말고 그들 뒤
> 로 돌아서 뽕나무 수풀 맞은편에서 그들을 기습하되 뽕나무 꼭대
> 기에서 걸음 걷는 소리가 들리거든 곧 공격하라 그때에 여호와가
> 너보다 앞서 나아가서 블레셋 군대를 치리라 하신지라(삼하 5:10,

하나님과 동행한 다윗의 예를 들어 보자. 다윗은 하나님으로부터 '내 마음에 합한 사람'이라는 칭찬을 받은 유일한 인물이다. 그래서 초대 왕인 사울의 뒤를 이어, 이스라엘 왕으로 삼으시면서 대대로 왕들이 그의 후손에서 나올 것을 약속해 주시기도 하였다. 그가 얼마나 하나님과 친밀하였는지는 위의 구절에서 단박에 알 수 있다. 그가 전쟁에 나갈 때 하나님과 상의하였으며, 하나님께서 군대를 대신하여 적군을 칠 정도이니까 말이다.

이처럼 성경은 하나님께서 지속적으로 동행한 인물로서 야곱, 요셉, 모세, 여호수아, 다윗, 사무엘, 다니엘을 비롯한 수많은 성경의 위인들을 들고 있다. 이들은 죄다 놀라운 하나님의 능력으로 기적과 이적을 드러내며 탁월한 사역과 더불어 형통한 삶을 살아갔다. 하나님께서 구약의 인물들에게만 함께하신 것은 아니었다. 예수님은 늘 하나님과 함께하셨다고 고백하셨고, 예수님의 사역을 이어받은 사도들과 제자들도 기적과 이적으로 드러나는 성령의 능력으로 하나님이 함께하신 증거를 보여 주었다. 이처럼 하나님을 만난 사람들의 특징은 전지전능하신 하나님의 능력을 사역과 삶에서 드러내 보인다는 것이다. 그러나 관념적이고 사변적인 성경의 이해를 믿는 것으로 착각하는 사람들은 초자연적인 능력으로 자신의 존재감을 드러내는 하나님을 만날 수 없다. 성령께서는 필자에게 대다수의 교인들이 성령의 능력을 그림의 떡으로만 알고 있다고 하셨다. 그래서 여호와 하나님이 전지전능하시다는 것을 알고 있지만, 지금도 살아 계셔서 역사하신다는 말에는 확신을 갖지 못하고 있다. 기적과 이적으로 드러내시는 성령의 능력을 경험하지 못한 사람에게 하나님과 만나서 동행한다는 성경의 약속은 이해하기 어려운 영역임에 틀림없다. 그러나 자신들은 성경을 절대불변의 진리라고 믿는다고 합창하고 있으니 더욱 기이한 일이다.

2

당신은 하나님을 만나고 있는가?

　당신이 누군가를 만난 기억이 없는데, 제삼자인 누군가가 당신을 만났다고 주장한다면 이상한 일일 것이다. 물론 만난 상대방에게 사실을 확인해 보면 된다. 그러나 그 상대방이 사람이 아니라 하나님이라면 확인이 어려우며, 다른 이들이 끼어들어 왈가왈부하기 시작한다면 사건이 복잡하게 얽힌다. 그러므로 상대방으로부터 진위를 확인받을 수 없다면 본인의 고백이 가장 중요한 증거가 될 것이다. 그러나 기이하게도, 하나님을 만났다는 증거를 본인에게서 확인하는 것이 아니라 교단신학자가 대신해 주고 있으니 아이러니한 일이다. 본인은 하나님을 만났는지 잘 모르겠다고 하는데도, 아니라고 하면서 만난 것을 믿으라고 강요하고 있으니 기가 막히다. 물론 하나님은 영이시기 때문에 그 모습이 눈에 보이지 않고 음성이 귀로 들리지 않는다. 그러나 하나님을 만났다는 성경의 인물들을 보시라. 하나님을 만나서 동행하면서 체험한 삶을 증거로 말하고 있지 않은가? 그러나 우리네 교회는 관념적이고 사변적인 교단교리를 들이밀면서 하나님을 만난 진위를 확인시켜 주고 있으니 어이없는

일이다. 그래서 다시 한번 묻겠다. 당신은 하나님을 만났느냐고 말이다.

하나님을 만나는 통로는 기도와 말씀이다

하나님을 만나고 있다는 사실을 확인하는 방법은 의외로 단순하고 명쾌하다. 하나님은 영이시기 때문에 기도와 말씀의 통로를 통해서만 만날 수 있다. 그러므로 당신이 기도와 말씀으로 하나님을 만나고 있는지를 확인해 보면 금세 알 수 있다. 필자는 하나님을 지속적으로 만나고 교제하며 동행하는 사람들인지 아닌지를 분별하는 기본적인 잣대가 있다. 그것은 기도하는 습관을 들여서 삶에 적용하고 있는지의 여부이다. 왜냐면 기도는 하나님을 만나는 유일한 통로이기 때문이다. 그러나 아쉽게도 우리네 교회는 기도를 잊은 지 오래되었다. 아니라고? 기도를 열심히 하고 있다고? 오홋, 그런가? 예전에 전 세계적으로 새벽기도를 하는 교회는 우리나라의 교회들밖에 없다고 어깨를 으쓱이며 말하는 목회자를 본 적이 있다. 이처럼 우리네 교회는 새벽기도에 참석하는 것으로 기도를 열심히 하는지 아닌지의 기준을 삼고 있다.

물론 1970~1980년대, 교회가 엄청나게 부흥하던 시절에 그랬다. 방방곡곡마다 기도원이 세워지고 새벽기도의 함성이 교회마다 넘쳐났던 시절이 있었다. 그러나 예전에 기도를 열정적으로 했던 이들도 지금은 기도하지 않는다. 그래서 늙수그레한 권사님에게 그 이유를 물어본 적이 있다. 그랬더니 권사님은 한숨을 내쉬더니, "그때는 기도할 제목들이 많았지. 남편 직장은 변변치 못하고 벌어 놓은 돈은 없는데 아이들은 많이 낳아서 먹여 살려야 하지, 가르쳐야 하지, 그래서 새벽마다 교회에 나가서 울며불며 살려 달라고 애걸복걸하며 기도했었지. 그런데 지금은 그 자식들이 장성하고 출가해서 잘살고 있으며 나도 먹고사는 걱정 없이 살고 있으니 기도할 일이 없어졌지 뭐야. 그러다 보니 기도하는 끈이 끊어져 버린 것 같아." 이 권사님은 자신도 젊은 시절에는 누구보다 더 열정적으로 기도했던 시절이 있었다면서 쓸쓸하게 말했다. 지금 우리네 교회의 새벽기도시간에 기도 소리가 잦아든 지 오래이다. 그 이유는 지금은 먹고살 만해져서 기도할 이유가 별로 없으며 기도해도 응답이 없기 때문이다.

우리네 교회가 저지른 치명적인 실수는, 기도를 하나님과 교제하는 통로가 아니라 하나님으로부터 자신의 소원을 얻어 내는 수단으로 가르쳤다는 것이다. 그래서 사람들은 하나님으로부터 도우심과 축복을 얻기 위해 새벽기도회에 나갔고 금식하며 기도했다. 교회지도자들은 교인들로 하여금 예배당을 채우고 대형교회를 꿈꾸는 목회성공을 위해서 본질적인 신앙이 아니라 달달한 축복을 앞세워서 세속적으로 잘되는 로또복권인 양 기도를 가르쳤던 것이다. 1970~1980년대 우리나라가 경제적으로 성장하자, 그것이 새벽기도나 작정기도에 응답하신 하나님의 축복인 양 착각한 목사들은 들떠서 마구 환호성을 질러 댔다.

그러나 1987년에 IMF사태가 터지면서 우리나라의 경제는 1990년대를 정점으로 완연한 하락세로 돌아섰고, 예수 믿고 기도만 하면 축복받고 성공한다면서 떠들어 대던 교회도 한풀 꺾였다. 그래서 이제는 기도하면 응답해 주신다는 성경말씀에 교인들은 아무도 반응하지 않는다. 그래서 새벽기도회에 참석하는 사람들은 담임목사의 눈도장을 찍어야 하는 직분자들이나 새벽잠이 없는 연로한 교인들이 전부이다. 그래서 필자가 기도는 하나님으로부터 자신의 욕망을 채우는 수단이 아니라, 하나님과 만나서 교제하는 통로라고 말해 봐야 아무도 거들떠보지 않는다. 기도에 대해 실망하고 식상해진 사람들이 하나님과 교제하는 기도가 아니라, 종교행위의 일부로 기도행위를 받아들임으로써, 기도는 자기만족이나 자기 의를 세우는 희생적인 신앙행위로 전락해 버렸다. 그러니 자신을 찾아오지 않으며 기도하지 않는 백성들에게 하나님이 관심이나 가져 주시겠는가?

다음으로, 하나님을 만나는 또 다른 통로인 성경말씀에 대해 생각해 보자. 말씀을 읽으면 하나님의 뜻을 알게 되며, 하나님과 대화를 나누는 교제의 시간을 갖게 된다는 성경교사의 가르침을 오랫동안 들어 왔을 것이다. 물론 틀린 말은 아니다. 그러나 말씀을 통해 하나님과 교제하는 경험이 없는 사람들이라면 공허하고 관념적인 말에 불과하다. 성경은 말씀이 곧 하나님이라고 하시지 않는가? 그렇다면 하나님은 어떻게 자신의 존재감을 드러내시는가? 기적과 이적, 성령의 능력으로 존재감을 드러내신다. 그렇다면 당신이 말씀을 통해 하나님과 깊고 친밀하게 교제하고 있다면, 기적과 이적으로 존재감을 드러내시는 하나님을 당신의 삶에서 증명해야 할 것이다. 그러나 단지 말씀의 의미를 이해하여 머릿속에 성경 지식을 쌓아 두는 것에 불과하다면, 그게 무슨 하나님을 만나는 통로이겠는가?

아브라함과 이삭, 야곱과 요셉은 성경이 없던 시절에도 하나님과 교제하며 동행하는 삶을 살았다. 그러나 예수님 당시에 성경을 통째로 암기하여 백성들에게 가르쳤던 바리새인들과 서기관들은 예수님이 누구인지 알아채지도 못했다. 이는 아무리 성경을 규칙적으로 읽고 설교를 많이 들으며 성경공부를 열심히 한다고 해도 하나님을 만나지 못한다는 것을 알 수 있다. 성경말씀을 지식으로 머리에 쌓아 두는 것으로는 하나님을 만날 수 없다는 것을 말이다. 그러나 이는 하나님을 만나서 깊고 친밀하게 교제하는 사람들의 경험을 통해서 미세한 차이를 알 수 있을 것이다.

필자가 오랜 기도의 습관을 들인 후에야 비로소 이에 대한 의문이 풀렸다. 성경공부를 하고 말씀을 열심히 읽는다고 하나님을 만나는 것이 아니라는 것을 말이다. 성령과 깊고 친밀하게 교제하는 기도를 통해, 성령께서 지혜를 주셔서 말씀을 깨닫게 해 주시고 가슴에 새기게 해 주셔야 비로소 하나님의 뜻대로 살 수 있는 능력이 생긴다는 것을 말이다. 우리가 성경을 읽는 목적이 무엇인가? 성경대로 살려는 것이 아닌가? 그러나 먼지만도 못한 인간이 어떻게 성경대로 살 수 있을 것인가? 바로 여기에 해답이 있다. 성령이 들어오셔서서 말씀대로 살 수 있는 능력을 주셔야 가능한 일이다. 그래서 말씀과 기도가 하나님을 만나는 양대 산맥이며, 이 둘 중에 하나라도 소홀하게 된다면 균형을 잃고 잘못된 방향으로 나아가게 된다.

기도를 열심히 하지만 성경말씀을 열심히 읽고 삶에 적용하는 지혜가 없다면 신비주의자가 되기 십상이고, 기도가 없이 성경 지식을 머리에 쌓아 둔다면 남을 정죄하는 수단으로 삼거나 자신의 의를 내세우는 바리새인과 서기관과 다를 바가 없게 될 것이다.

이처럼 하나님을 만나려면 하나님과 교제하는 기도와 더불어, 말씀을 읽고 성령께서 주시는 깨달음으로 말씀을 삶에 올곧게 적용해야 한다. 그러나 쉬지 않고 기도하며 말씀을 규칙적으로 읽고 묵상하면서 하나님과 깊고 친밀하게 만나는 사람들이 우리네 주변에 얼마나 있을까? 형식적인 기도행위와 성경 지식을 머리에 쌓아 두면서 자기만족을 즐기는 종교적인 교인들만이 교회에 넘쳐나고 있다. 그러나 필자가 아무리 귀에 대고 소리를 지르더라도 여전히 꿈쩍하지 않는 이들이 대부분이라는 것을 모르는 바 아니다. 그 이유는 그동안 교회에서 가르치는 교리로, 영접기도를 했으니 하나님을 만났다고 철석같이 믿고 있기 때문이다.

당신이 알고 있는, 하나님을 만났다는 증거의 허구

세상은 눈에 보이고 귀로 들리고 체험되는 것만을 인정한다. 그게 이성적이고 합리적이며 상식적인 방식이다. 그러나 영적인 세계는 눈에 보이지 않고 귀로 들리지 않고 과학적으로 증명이 되지 않는 영역이다. 그러므로 영적 세계나 영적 존재를 알려면, 영안이 열려야 한다. 영적 눈을 뜬다는 것은 영적 분별력을 가지게 된다는 뜻이다. 영적 분별력은 성령이 주시는 은사이다. 그러므로 성령과 동행하면서 성령의 도구로 사용되는 사람만이 영적 분별력을 가지고 있음은 물론이다. 그러나 우리네 교회는 영적 세계와 영적 존재를 알아채는 분별을 이성적이고 합리적이며 상식적인 잣대로 재고 있으니 기가 막힌 일이다. 물론 성경말씀을 자의적으로 해석해서 갖다 붙이고 있으므로, 영적 분별력이 없다면 이의 진위를 파악하는 게 보통 어려운 일이 아니다.

그렇다면 우리네 교회에서 말하는 하나님을 만난 근거는 무엇인지 찬찬히 살펴보자. 가장 많이 인용하는 근거가 바로 성령이 아니고서는 예수를 주라고 시인할 수 없다는 말씀(고전 12:3)이다. 영접기도를 하고 교회 마당을 밟고 있는 사람들은 이미 예수를 주라고 시인했기 때문에, 성령이 안에 계신다고 주장하고 있다. 그래서 영접기도를 한 사람들은 이미 성령을 만나서 교제하고 있는 중이라는 말이다. 그러나 대부분의 교인들은 자신 안에 성령이 계신지 체험하지 못하고 있으니 아이러니한 일이다. 그래서 이에 대해 의구심을 표시하면 믿음이 없다는 질책이 되돌아오곤 한다. 그래서 성령이 안에 계신지는 모르겠지만, 교회에서 그렇다고 하니까 억지 춘향으로 인정하며 교회 문턱을 밟고 있다. 그러나 이는 '시인하다'라는 단어를 아전인수식으로, 억지로 해석한 결과이다. '예수님을 주로 시인하다'라는 뜻은 머리로 이해하고 지식으로 인정하는 것으로 끝나는 게 아니라, 평생 인격적으로 예수님을 주인으로 모시고 살 것을 결심하고 실행에 옮기는 것을 말하는 것이다. 그러나 그동안 교회에서 전가의 보도처럼 가르쳐 온 교단교리가 하루아침에 바뀔 리가 없다.

그래서 하나님을 만났다고 생각하는 교인들은, 오랜 신앙생활을 통해서 경험한 기도응답이나 은혜 등을 하나님이 자신과 함께 계시다는 증거로 내놓곤 한다. 물론 과거의 기도응답이나 은혜 등이 하나님이 주신 선물이었을지라도, 그것을 하나님을 만나고 있는 증거로 삼기에는 턱없이 부족하다. 가장 중요한 잣대는, 현재 하나님과 지속적으로 만나서 교제하고 있다는 증거나 열매가 넘쳐나야 하지 않겠는가? 필자는 오랫동안 신앙생활을 하였다. 20대 중반에 교회를 처음 나가기 시작해서, 결혼해서는 교회학교 교사로 봉사하며 10년을 넘게 다녔었다. 그 교회는 소위 대형교회였으므로 뜨거운 열정을 지닌 교인들과 함께 손을 잡고 교사로 봉사하면서 돈독한 유대관계를 형성했다. 그러나 필자가 사업에 실패하고 지방에 내려오면서 자연스럽게 그 교회를 나오게 되었다. 그리고 그때 돈독하게 지냈던 교인들의 소식을 간간이 들을 수 있었다. 당시에 교사로 봉사하며 열정을 불사르던 이들 중 어느 누구도 자신 안에 성령이 함께 계시지 않는다고 의심하거나 고민하던 이들은 없었다. 기도할 때마다 죄다 통성으로 뜨겁게 기도하였으며 틈만 나면 하나님께 받은 은혜를 나누느라 여념이 없었다.

그러나 30년이 훌쩍 지난 지금은 죄다 활활 타다가 꺼진 숯처럼 되어 버렸다. 가끔 통화해 보면 그때 함께 보냈던 과거를 회상하기는 하지만, 현재 함께하시는 하나님의 은혜에 대해 말하지 않는다. 오랫동안 소식이 끊겼다가 다시 연락이 되었다면, 그간 하나님께서 함께해 주신 은혜를 밤이 새도록 나누어도 부족할 것이다. 그러나 아무도 그런 얘기를 하는 사람이 없었다. 비록 교회를 다니고 있지만, 규칙적으로 예배의식에 참석하는 종교적인 사람들로 전락해 버렸기 때문이다. 그렇지만 여전히 자신 안에 하나님이 계시다고 믿고 있을 터이고, 그러한 자기확신의 믿음으로 천국백성임을 추호도 의심하지 않을 것이다. 결국 우리네 교인들은 자의적으로 해석한 성경구절과 평생 손에 꼽을 정도로 경험한 기도응답이나 은혜 등의 초라한 근거를 하나님을 만난 증거로 내세우고 있는 셈이다. 그러나 이런 잣대나 증거는 성경의 증거도 아니고 성경의 인물들이 보여 준 삶의 모습도 아니다.

하나님을 만나는 증거는 연애 시절의 궤적으로 알 수 있다

나이에 상관없이 누군가를 사랑한다는 것은 즐거운 일이다. 환갑을 한참 넘어선 필자도 젊은 시절의 좋은 추억들이 있다. 그중에서도 아내와 가슴 뛰는 연애 시절을 거쳐 행복한 결혼을 하고 신혼의 풋풋한 이야기까지, 당시의 추억을 떠올리면 입가에 환한 미소를 짓게 된다. 현재 아내의 얼굴에는 잔주름이 완연하고 흰머리가 적지 않지만, 여전히 필자는 젊고 예쁜 시절을 간직한 아내의 우아한 모습을 지켜보고 있다. 그 이유는 35년 전부터 지금까지 아내와 만나서 깊고 친밀하게 사귀고 있기 때문이다. 이처럼 하나님을 만나서 교제하고 있는 사람이라면 시시때때로 하나님을 만나고 싶고, 만나는 게 기다려지고, 만나는 시간이 전혀 지루하지 않아야 하지 않겠는가?

그러나 교회에 가서조차 조용한 곳을 찾아 기도하려 하지 않고, 하나님을 만나는 기도와 말씀 시간이 지루해서 10분을 넘기지 못하며, 오랫동안 기도하지 않았어도 기도하고 싶은 생각이 전혀 들지 않는다면 그런 사람은 하나님과 교제하는 사람이 아니다. 그런데 기이하게도 우리네 교회는 그런 교인들이 널려 있는데 아무도 이에 대해 의구심을 가지거나 문제를 제기하지 않는다. 그 이유를 아는 게 어렵지 않다. 하나님을 좋아하지도 사랑하지도 않기 때문이다. 대부분의 크리스천들은 하나님을 사랑해서가 아니라, 하나님을 종교적인 신으로 여기고 예배의식이나 희생적인 신앙행위를 하기 위해 교회 마당을 밟고 있는 종교인에 불과하다. 신앙의 연륜이 오래되고 교회 직분이 높아도 마음이 건조하고 영혼이 냉랭하다. 그래서 교회에서 채우지 못한 영혼의 갈급함을 세상에서 육체의 만족을 추구하는 것으로 채우고 있다.

기도하지 않으면서 예배의식에 성실하고 TV나 인터넷을 돌아다니며 유명한 목사의 설교를 즐겨 듣는 이들도 적지 않다. 이들은 현학적인 성경 해석으로 지적 욕구를 풀어 주며 쫀득쫀득한 말솜씨로 감성을 터치하는 설교에 푹 빠져서 아멘을 연발하며 눈물까지 글썽이면서 은혜를 듬뿍 받았다고 여긴다. 그러나 그런 느낌은 오래가지 않는다. 조금만 지나면 약발(?)이 떨어져서, 하루에도 10여 편의 설교를 듣는 것으로 갈증을 채우고 있다. 그러면서 자신이 하나님을 매우 사랑한다고 착각하고 있다. 필자는 인터넷 카페나 블로그를 운영하며 칼럼을 쓰고 있다. 많은 이들이 칼럼에 자신의 생각을 댓글로 달기도 한다. 그들은 자신들의 해박한 성경 지식을 자랑하고 하나님에 대한 깊은 통찰력과 더불어 그동안 하나님께 받은 은혜와 각별한 관계를 드러내고 싶어 한다. 그들의 말을 들어 보면 그럴듯하다.

그러나 필자는 그들의 말을 별로 신뢰하지 않는다. 필자가 분별하는 기준은 기도이다. 기도를 어떻게 하고 있는지를 보면 답이 훤하게 보인다. 하나님과 깊고 친밀하게 교제하는 기도를 하는 사람들은 말하는 내용이 극히 성경적이며 성령의 증거나 변화, 열매가 풍성하기 때문이다. 그러나 해박한 성경 지식을 드러내고 싶어 하거나 기이한 체험을 성령과의 교제에서 얻은 전리품으로 떠벌리는 이들이라면 상대도 하지 않는다. 그러나 이는 분별력이 있어야 가능한 일이기도 하다. 인터넷에 글을 올리는 이들은 죄다 자신이 옳다는 주장을 굽히지 않으며, 특히 그들의 신분이 목회자라면 독불장군이요 마이동풍이다. 자신이 하나님과 깊고 친밀하게 교제하는 기쁨에 빠져 있다면, 굳이 생면부지의 사람들에게 이 사실을 알리려고 인터넷을 전전하면서 댓글 쓰기에 바쁘겠는가? 그럴 시간이 있으면 골방에 들어가 하나님과 사귀는 시간을 즐기고 있지 않겠는가?

3

당신이 하나님을 꼭 만나야 하는 이유

세간에는 하나님의 음성을 듣는 법에 대한 책이 사람들의 시선을 끌고 있고, 하나님의 음성을 듣는 법에 대한 세미나나 교육훈련프로그램을 시행하는 단체도 있다고 한다. 하나님의 음성을 듣고 싶어 하는 목적이 무엇인가? 하나님과 깊고 친밀하게 사귀고 싶어서가 아닌가? 그래서 하나님과 동행하며 사는 삶이 된다면 얼마나 기쁘고 황홀하겠는가? 그러나 하나님을 만나서 깊고 친밀하게 교제해야 하는 이유는 보다 근본적이다. 하나님을 만나지 않은 사람은 하나님과 아무런 상관이 없기 때문이다. 말하자면 하나님에게 버림을 받은 사람이 되는 것이며 지옥을 예약한 사람이라는 뜻이다. 어디 그뿐인가? 하나님과 함께하는 삶이 아니라면 그 인생은 불행과 고통을 운명처럼 짊어지고 살아야 한다. 그러므로 하나님을 만나는 것은 하나님을 뜨겁게 사랑하는 특정한 자녀의 소원이 아니라 천국의 백성이 되고자 하는 모든 사람들의 목표인 셈이다. 그러나 우리네 교회에서는 영접기도를 하면 성령이 자동적으로 들어오신다고 가르치고 있으므로 하나님을 만나는 더 이상의 가르침이나 훈련

따위는 없다. 안타깝고 답답한 일이다. 그렇다면 왜 하나님을 만나야 하는지 찬찬히 살펴보자.

바리새인들이 예수님께 물었다. 천국이 어느 때에 임하는지를 말이다. 그러자 예수님은 이해하기 어려운 답변을 하고 계시다. 천국은 볼 수 있게 임하는 것이 아니며 눈으로 보이는 특정한 장소가 아니라 바로 우리 안에 있다고 말씀하셨다(눅 17:20~21). 아니, 천국이 눈에 보이는 장소가 아니라고? 우리는 천국이라고 하면 예수님께서 우주의 한쪽 끝에 금은보석으로 지어 놓으신 아름다운 신도시를 예상하고 있지 않은가? 그런데 천국이 눈에 보이지 않는 장소라는 예수님의 답변을 이해할 수 없다. 예수님께서 하신 말씀의 진의는, 바로 천국에 대한 예수님의 정의가 우리의 생각과 다르다는 것을 의미한다. 예수님께서는 특정한 장소에 지어 놓은 건물이 아니라 하나님이 통치하는 곳이면 어디나 천국이라고 말씀하시고 계신 것이다. 말하자면 천국은 장소의 개념이 아니라 통치자의 개념이다. 즉 하나님이 통치하는 곳이라면 어디나 천국이 되는 것이다. 그렇다면 천국은 우리가 이 땅을 떠나서 들어가는 곳일 뿐만 아니라 이 땅에서도 얼마든지 누리며 살 수 있는 곳인 셈이다. 천국(天國)은 한자어로 하나님의 나라를 말한다. 그러므로 성령 하나님께서 우리 안에 들어오셔서 통치하시고 다스리시기만 하면 우리 안에 천국이 이루어지는 것이다. 이와 같은 개념이 바로 성전이라는 단어이다. 성전은 하나님이 거주하시는 곳으로 솔로몬 왕이 지은 예루살렘 성전을 유일한 성전이라고 불렀다. 그러나 성경은 우리가 바로 성전이라고 콕 집어서 말하고 있다. 말하자면 하나님의 자녀들은 성령께서 들어오셔서 거주하시고 계시므로 성전이 되는 셈이다. 그래서 성전을 죄악으로 더럽히면 하나님이 거주하실 수 없으며 버림을 받게 되는 것이다.

그렇다면 당신은 하나님이 거주하시는 성전이며 천국을 누리고 계신가? 우리네 교회의 가르침에 따르면 마땅히 그래야 한다. 그러나 그렇다고 확신하는 것과 삶의 현장에서 누리는 것은 엄연히 다르다. 그러나 우리네 교회에서는 무조건 믿으라고 강요하고 있으니 기가 막힌 일이다. 당신 안에 성령이 다스리시고 통치하시는 하나님의 나라가 이루어진 것은 성경에 기록한 증거가 확연히 나타나는 것으로 증명되어야 하기에 말이다. 성경은 천국이 이루어진 증거는 말이 아니라 능력에 있으며(고전 4:20), 하나님의 능력으로 귀신을 쫓아내는 것으로 증명해야 하며(눅 11:20), 먹고 마시면서 육체가 즐거워하는 것으로 증명되는 것이 아니라 죄의 징벌과 삶의 고통을 막아 주는 하나님의 의와 평안과 기쁨이 넘쳐나는 것으로 증명된다고 말하고 있다. 이런 영혼과 삶의 상태가 성령 하나님이 들어오셔서 다스리시는 천국이 이루어진 증거이다. 크리스천이라면 누구나 바라고 소원하는 삶의 모습이 아닌가? 그래서 당신이 하나님을 만나야 하는 것이다.

하나님을 만나지 못하면 행복은 없다

하나님을 만나지 못하면 행복은 없다는 말에 동의가 되는가? 솔직히 말해서 이런 투의 말은 목회자의 자의적이고 일방적인 주장에 불과하다는 생각이 적지 않을 것이다. 축복이라는 단어는 성경에 자주 등장하지만, 행복이라는 단어는 세상의 전유물이 아닌가? 그렇다면 축복이나 행복이나 똑같은 단어인데 왜 이처럼 많은 차이가 날까? 축복은 하나님이 주시는 것이라는 생각과 행복은 세상에서 얻어지는 것이라는 생각의 차이가 아닐까? 그러나 크리스천이라면 행복이든지 축복이든지 간에 성경의 기록에서 근거를 얻어야 할 것이다. 그렇다면 성경은 우리가 행복을 누리는 환경이나 상황에 대해서 무어라고 말하고 있는가?

성경은 우리가 살고 있는 세상을 두 세력의 영적 존재가 다스리고 있다고 말하고 있다. 즉 하나님과 악한 영의 두 세력이 사람들의 영혼을 사이에 두고 전쟁을 벌이고 있다고 말이다. 그러나 크리스천들이라면 자신들을 통치하는 세력이 하나님이라고 믿어 의심치 않을 것이다. 물론 그럴 것이다. 그러나 중요한 것은 성경의 잣대이지 자기확신이 아니다. 성경은 이 세상의 왕이자 통치자는 악한 영이라고 콕 집어서 말하고 있으며, 우리가 날마다 피 터지게 싸워 이겨야 하는 대상이라고 말하고 있다. 말하자면 그들과 싸워 이기지 못하면 악한 영의 포로가 되어서 불행과 고통을 당하다가 지옥불에 던져지는 신세가 될 거라고 말이다.

그렇다면 악한 영은 어떻게 사람들을 불행과 고통의 수렁에 빠지게 하여 영혼과 삶을 사냥하는가? 바로 죄를 짓게 해서이다. 성경에서 말하는 죄는 헬라어로 '하마르티아'인데, 이는 화살이 과녁에서 벗어났다는 뜻으로 우리가 알고 있는 죄의 사전적인 정의와 다르다. 즉 현행법이나 도덕적인 규범을 위반한 것을 포함해서 하나님이 싫어하시는 생각과 성품, 말과 행동을 총망라하는 단어이다. 악한 영들의 또 다른 이름이 바로 시험하는 영이다. 그래서 악한 영들은 죄의 덫을 놓고 유혹해서 죄에 걸려 넘어지게 하고 있다. 그래서 죄를 지은 죄인은 하나님이 아니라 악한 영의 포로가 되어 지배를 받게 되는 것이다. 하나님은 죄를 미워하시며 죄인을 가까이하실 수 없는 분이시기 때문이다.

그렇다면 죄와 행복과의 상관관계를 알아보자. 성경에서 죄의 삯은 사망이라고 밝히고 있다. 즉 죄로 인해서 죽음이 온다는 것이다. 죽음이 오는 통로는 질병과 사고이다. 그러므로 고질병과 불행한 사건·사고는 악한 영들이 개입하고 있다는 것은 알 수 있다. 행복은 마음의 상태이다. 그러므로 부정적인 생각들이 마음을 사로잡고 있다면 불행할 수밖에 없다. 걱정, 염려, 두려움, 불안, 의심, 좌절, 음란, 미움, 시기, 질투, 싸움, 분열 등은 죄다 하나님이 싫어하시는 죄악이다. 즉 악한 영들은 사람의 머리를 타고 앉아 부정적인 생각들을 넣어 주어 죄를 짓게 만드는 것이다. 그러나 우리는 악한 영들의 정체와 공격에 대해 무지하기 때문에, 늘 부정적인 생각으로 죄를 짓고 있지만 회개할 생각도 없고 죄를 쌓아 두고 있으니 어떻게 행복할 수 있겠는가?

악한 영은 하나님과 같은 영적 존재이기 때문에 육안으로 보이지도 않으며 소리로 들리지도 않는다. 그들의 정체와 공격을 알아채려면 하나님이 주시는 분별의 은사를 받아야 한다. 은사는 선물이라는 뜻으로, 지혜의 신이신 성령께서 선과 악을 분별할 수 있는 영적 능력을 주셔야 비로소 악한 영의 정체를 알아채고 싸워 승리할 수 있다. 말하자면 행복하려면 성령께서 우리 안에 들어오셔서 예수 그리스도의 보혈의 능력을 가슴에 새기게 하여 주시고, 전심으로 회개를 하면 죄를 용서하여 깨끗하게 해 주시고, 죄를 부추기는 악한 영들과 싸워 이길 수 있는 능력을 주셔야 하는 것이다. 이것이 성령이 우리 안에 들어오셔야 하는 이유이다. 결국 하나님이 우리 안에 거주하시면서 악한 영을 분별하며 그들과 싸워 이기는 성령의 능력을 주셔야 죄에서 해방되고 악한 영의 공격에서 벗어나 안전하게 살 수 있다. 결론적으로 이 땅에서 살아가는 모든 사람들은 하나님을 만나지 못하면 행복해질 수 없는 세상에서 살고 있는 셈이다. 그러나 이 땅에서의 삶이 전부가 아니다. 우리는 언젠가 이 땅을 떠나서 심판대 앞에 서는 날이 운명처럼 오게 되어 있다. 심판대 앞에서 천국과 지옥으로 갈리는 날을 맞이하게 된다. 영원한 행복의 삶을 누리거나 꺼지지 않은 불못에 던져져 극한 고통 속에서 영원을 보내야 하는 재앙을 맞아야 할 것이다. 이렇게 하나님을 만나는 것은 이 땅에서의 행복에만 한정되는 것이 아니라 영원한 운명을 결정짓는 엄청나게 중요한 사건이다. 그러나 아쉽게도 우리네 교인들은 성경의 잣대가 아니라 자의적으로 해석한 교단교리를 성경말씀 위에 두고 안일하게 살아가고 있으니 섬뜩하고 떨리는 일이다.

4

나는 이렇게 하나님을 만났다

　수많은 크리스천들이 자신들이 하나님을 만난 사건을 간증이라며 공개하곤 한다. 하나님을 만난 사실이 실감 나지 않는 이들도 자신 안에 성령 하나님이 계신다고 철석같이 믿고 있으므로, 은혜나 기도응답이라는 표현으로 자신 안에 하나님이 계신 증거를 짜맞추려고 안간힘을 쓰고 있다. 그러나 그게 사실인지 아닌지는 성령이 함께하시는 능력과 표적과 기적으로 증명해야 할 것이다. 그러나 대부분 개인적인 체험에 불과하다. 그 어디에도 성경의 위인들처럼 기적과 이적으로 이를 증명하는 이들은 없다. 사도 바울이 다메섹 도상에서 예수님을 만난 광경을 보라. 입이 떡 벌어지는 놀라운 사건이지 않았는가? 그러나 그뿐만이 아니다. 그는 성경 여러 곳에서 자신이 복음을 전한 통로는 표적과 기적을 일으키는 성령의 능력이었다고 밝히고 있다.

　그러나 우리네 교인들은 하나님을 만났다고 고백하고 있지만, 기적과 이적을 일으키는 성령의 능력 따위는 없다. 다만 자신의 생각과 느낌, 신비로운 현상 그리고 기도에 대한 응답이라고 주장하는 자기확신만이 있을 뿐이다. 필자 역시 하나님을 만난 체험을 말하고자 한다. 그러나 일회적이고 자의적이며 신비로운 현상만이 아니다. 필자는 하나님을 만난 경험을 바탕으로, 하나님을 만나는 기도훈련 사역을 하고 있는 중이다. 그래서 필자와 같은 성령이 함께하시는 사역자를 양육하고 다른 사람들의 훈련에 참여시키고 있다. 이는 성령의 능력이 없이 되는 일이 아니다. 그러므로 필자가 어떻게 하나님을 만났는지 날카롭게 살펴보고 분별해야 할 것이다.

그러니까 필자가 맨 처음 하나님을 경험하고 교회에 나간 사건부터 말씀드리겠다. 필자의 집안은 대대로 불교를 믿던 가정이었다. 그 유명한 계룡산 밑의 자그마한 마을에서 태어났으며, 가까운 거리에 있었던 외가도 친가와 마찬가지로 불교와 조상신을 지극 정성으로 믿어 왔다. 그래서 필자의 어머니는 정월 보름이 지나면 계룡산 중턱에 있는 자그마한 암자로 필자를 데려가서 불공을 드리곤 했다. 그 무렵에 어린 필자를 본 중이, 필자는 산을 밟아야 할 운명이라는 알 듯 모를 듯한 말을 했다고 나중에 어머니가 말해 주었다. 말하자면 기독교나 교회는 필자의 집안 정서와 무척이나 동떨어져 있던 문화였던 셈이다. 학교에 다닐 무렵 집이 대전으로 이사를 했고, 거기서 초등학교와 중학교, 고등학교를 졸업하고 충남대학교 영문과에 입학했다. 아버지는 친척이 사장으로 있던 양복지를 파는 상점에서 직원으로 일하다가 나중에 점포를 내어 독립을 하였다.

그러나 사업은 생각보다 잘되지 않았으며, 점포를 접고 뜬구름 잡는 사업에 뛰어드셨다. 토지 개간, 광산업 같은 투기성이 높은 사업이었다.

지식과 경험이 거의 없던 아버지는 친구나 지인의 유혹에 넘어가서 가진 재산을 쏟아부었지만, 사업에 실패하고 살던 집까지 경매로 넘어가서 길거리로 쫓겨나는 아픔을 겪기도 했다. 필자가 대학 초년생 때의 일이었다. 그래서 필자는 학자금을 벌기 위해 졸업할 때까지 알바를 해야 했다. 1학년 때는 고등학생 과외를 했지만, 당시 박정희 대통령이 암살당하고 난 후 전두환 대통령이 집권하자 대학생들이 거리로 뛰쳐나와 데모로 전국이 들끓었다. 그래서 새로 집권한 군사정부는 화가 나서 대학생 과외를 금지시켰다. 그때부터 자전거로 새벽에 우유 배달을 하며 졸업할 때까지 알바를 했다. 게다가 2학년 겨울방학 때 학군장교 시험에 합격하여, 3~4학년 동안 군사훈련을 병행하면서 알바와 학업을 같이해야 했으니 필자의 고충은 이루 말할 수 없었다. 그래서 매일 학교수업을 마치면 술집에 가서 거나하게 술에 취한 채 집에 돌아오곤 했다. 그렇게 대학 4학년 무렵이 되었다. 어느 날 친구가 영어회화를 무료로 가르쳐주는 선교사가 있다고 같이 가자고 제안을 했다. 그 선교사님은 미국의 침례교단에서 한국에 파송한 마지막 선교사였다. 그는 토요일이면 학생들을 모아서 영어회화를 가르쳐 주는 일을 전도의 통로로 삼은 듯했다. 그래서 기독교에 전혀 관심이 없던 필자도 영어회화를 무료로 배울 수 있다는 말에 귀가 솔깃해져서 참석하기 시작했다. 공부는 기도로 시작하여 약 1시간가량 교제를 나누고 기도로 마쳤지만, 종교에 대한 얘기가 없어서 필자도 부담 없이 듣게 되었다.

그렇게 몇 개월이 지난 어느 날이었다. 그날도 다른 날과 마찬가지로 술에 취한 채 밤늦게 집에 돌아왔다. 새벽부터 일어나 우유 배달이 끝나면 옷을 갈아입고 학교에 가서 공부하다가, 군사훈련까지 마치고 오후

늦게 학교 문을 나서면 술집에 가서 술을 마시다가 거나하게 취해 집으로 돌아오는 일과를 반복하던 중이었다. 공부와 노동과 군사훈련의 강도 높은 일과에 무척이나 고통스러운 청춘을 보내고 있었기에 말이다. 그래서 잠들 무렵, 필자를 괴롭히던 문제를 놓고 기도하고 싶은 충동을 느꼈다. 그렇게 술에 취한 채 기도하고 잠이 들었다. 그런데 기적처럼 기도했던 문제가 다음 날 말끔하게 해결되었던 것이다. 그러나 정작 필자는 기도했던 사실조차 잊고 있었다. 그렇게 시간이 지나갔으며 또 다른 문제가 생겼다. 그때 또 필자는 기도해야겠다는 생각이 들었고, 예전에 기도했던 것도 생각이 났다. 두 번째 기도는 사뭇 진지했다. 그렇게 기도한 다음 날 두 번째 기도했던 문제도 기적처럼 해결되었다. 그러자 필자는 하나님의 존재감에 대해 두려움이 스멀스멀 들기 시작했다. 물론 우연히 그렇게 되었다는 생각이 강하기는 했지만 말이다. 그러나 그 생각이 깨지는 데는 오래 걸리지 않았다. 그다음부터는 문제가 생기면 즉각 기도했고, 응답 역시 즉각 내려왔다. 그러자 필자는 하나님이 살아 계심을 부인할 수 없었고 계속 두려움이 가시질 않았다. 그래서 교회를 나가기로 결심했고, 당시 대전에서 가장 큰 교회를 제 발로 걸어 들어갔다. 작은 교회에 가면 사람들이 피곤하게 하기 때문이며, 큰 교회에 가서 예배만 드리면 아무도 필자를 알아보지 않으니까 자유롭게 다닐 수 있다는 생각에서이다. 말하자면 필자가 교회 문턱을 밟게 된 연유는 누가 전도해서 나간 것이 아니라, 기도가 지속적으로 응답이 오면서 하나님의 존재를 부정할 수 없어서이다.

그 뒤로는 교회를 성실하고 꾸준하게 다녔다. 하나님의 존재를 경험으로 알게 되었기 때문에 몇 번 다니다가 그만둔다는 생각을 할 수 없었다. 그렇게 대학 졸업과 동시에 장교로 임관하여 군에 입대하게 되었으며, 군에서도 성실하게 교회에 나갔으며 제대하고 나서 아내와 결혼하고 부천에서 신혼살림을 차리면서 본격적으로 신앙생활을 시작하게 된 셈이다. 그러나 아이러니하게도, 규칙적으로 예배의식에 참석하고 교회 봉사를 하면서 나름 열정적으로 신앙생활을 한 이후로 하나님을 만나지 못했다. 그러나 초신자들은 성경 지식도 없고 신앙생활이 처음이기에 무엇이 잘못된 것인지 분별할 수가 없다. 목회자나 신앙의 선배들이 시키는 대로 따라 하기에도 버거운 실정이다. 그렇게 몇 년이 지나면 종교 행위에 대한 습관이 달라붙게 되며 매너리즘에 빠지게 되기 일쑤이다. 필자도 그런 전철을 밟아 가면서 신앙생활을 하게 되었다. 만약 필자가 다른 이들과 다름없이, 직장생활을 하면서 큰 문제 없이 살아갔다면 하나님과 만났는지의 여부를 고민할 이유가 없다. 그러나 많은 이들의 인생이 그러하듯이, 필자의 인생 역시 역경과 고난의 불화살을 피하지 못하면서 전혀 예기치 못하는 상황으로 흘러갔다.

필자의 꿈은 폼나는 사업가로 성공해서 백만장자가 되는 것이었다. 그러다 보니 월급쟁이로 만족해야 하는 직장이 성에 차지 않았다. 그래서 여러 번 직장을 바꾸다가, 급기야는 막대한 대출을 얻어 사업의 문을 두드리게 되었다. 당시는 은행 대출을 잘 얻는 것이 사업수완이라는 생각이 만연했던 시절이었으니까 말이다. 그러나 세상 물정 모르는 신출내기에게 사업의 문은 그야말로 넘사벽이었다. 결론부터 말하자면, 그때 한 번의 사업 실패로 인해 필자의 인생은 거기서 끝이 났다. 막대한 대출이자는 꼬리에 꼬리를 물고 늘어났으며, 신혼 때 장만한 자그마한 아파트는 은행 경매로 넘어갔다. 그렇게 눈물과 한숨뿐인 인생극장의 문이 열렸다. 성실하게 신앙생활을 해 왔던 크리스천이라면, 그 상황에서 하나님의 바짓가랑이라도 붙잡고 싶은 생각이 들지 않겠는가? 그래서 필자도 새벽기도회에 나가서 이 문제를 해결해 달라고 애걸복걸했다. 그러다가 혹시 목회자가 된다는 결심을 하면, 하나님께서 이 문제를 해결해 주실지도 모른다는 생각이 들었다. 그러나 너무나 황당하다는 생각도 같이 들어와서, 기드온의 양털 시험같이 3가지를 내놓고 기도를 하게 되었다. 그 3가지는 신대원의 합격과 학업을 병행하면서 생활비를 버는 직장이 열리는 것, 그리고 누군가가 등록금을 마련해 주는 것이었다. 우여곡절 끝에 한세대 신대원에 합격하였고, 학원의 영어 강사로 생활비를 벌게 되는 길도 열렸다.

그러나 등록금이 문제였다. 필자가 신대원에 합격한 사실은 아내밖에 몰랐으며, 필자는 주변 사람에게 빌려서 등록금을 마련할 생각은 전혀 없었다. 그렇게 등록금 마감일이 다가왔다. 그런데 기적이 일어났다. 필자의 주변에서 식당을 하던 아주머니 한 분은 충청도 동향 사람으로, 타향에서 만나게 되니 더욱 친하게 지냈다. 물론 그분은 교회를 다니지 않았던 분이셨다. 필자가 신대원 입학준비를 하려고 성경을 열심히 읽고 있으니까, 아내에게 갑자기 공부를 열심히 하는 이유를 물어보았다고 한다. 그래서 아내는 지나가는 말로, 대학원에 들어가려고 시험 준비한다고 대충 말해 주었다. 그런데 어느 날, 이분이 필자에게 "대학원에 입학하려면 등록금이 필요하겠네."라고 말씀하시면서, 이자를 안 받고 빌려줄 테니 나중에 형편이 되면 갚으라고 하시는 것이 아닌가? 그렇게 3가지 기드온의 양털 시험이 응해져서 신대원에 다니게 되었다. 물론 사명을 가지고 입학한 것이 아니어서 공부가 무척이나 힘들었다. 그러나 우여곡절 끝에 3년을 공부하고 졸업을 하였다. 하나님이 빚만 갚아 주신다면 이보다 더 어려운 일도 마다할 수 없었기 때문이다. 그러나 졸업을 해도 빚은 갚아지지 않았다. 거꾸로 이자가 더 늘어서 도저히 감당할 수 없는 금액이 되어 버렸다. 그래서 필자는 너무도 실망스러워, 목회자의 길로 들어서지 않고 세상으로 도로 나와 버렸다.

이미 수렁에 빠진 인생은 발버둥치면 칠수록 더욱 깊이 빠지게 마련이다. 학원 강사와 과외를 전전하던 필자에게, 어느 날 동생에게서 제안이 왔다. 동생은 대전에서 직장생활을 하면서 시내 중심가에서 점포를 운영하고 있었는데, 필자에게 점포를 그대로 넘겨줄 테니 대전으로 내려오라는 것이었다. 그때 점포에서 나오는 수입은 웬만한 직장인의 수입보다 많았다. 그래서 필자 부부는 한 많은 부천 생활을 접고 대전의 부모님 아파트의 방 한 칸을 얻어서 생활하게 되었다. 그러나 점포를 인수하기 무섭게 IMF가 터졌다. 안 되는 사람은 뒤로 넘어져도 코가 깨진다더니, 이렇게 하는 일마다 실패뿐일 수가 있을까? 동생에게는 한없이 미안한 일이지만, 점포를 인수한 지 2년이 채 되지 않아서 보증금까지 죄다 까먹고 그야말로 알거지가 되어 버렸다. 그때부터 다시 밑바닥 인생이 시작되었다.

보험판매원, 다단계 사업, 우유 배달, 자장면 배달, 재래시장 입구에서 계란빵을 구워 팔면서, 닥치는 대로 일을 하며 살아 보려고 아등바등하였지만 인생은 걷잡을 수 없이 떠내려갔다. 삶에 대한 기대감이 사라지니 몸에 힘이 빠졌으며 자포자기하는 노숙자의 심정이 되어 버렸다. 삶의 의욕을 잃어버리게 되니 잠자리에서 눈을 뜨는 것조차 힘들었다. 아내는 의욕상실증에 걸려 아무것도 하지 않으려는 남편에게 더 이상 기대할 것이 없음을 깨닫고, 백화점 판매 직원으로 취직해서 입에 풀칠을 해야 했다. 필자가 겨우 한 일은, 백화점으로 아내를 출근시켜 주고 나서 낚시터에 앉아서 하루해를 보내다가 밤늦게 퇴근하는 아내를 집으로 데리고 오기 위해 태우고 오는 일뿐이었다. 절망과 무기력증에 빠지고 나니 아무것도 하기 싫었다. 저녁에 잠자리에 누우면 이대로 인생이 끝났으면 좋겠다는 생각이 절로 났다. 그러나 기대하지 않은 아침은 꼬박꼬박 찾아왔다.

그러던 어느 늦가을에 접어든 날이었다. 그날도 어김없이 아내를 백화점에 출근시켜 주고 나서 도심에서 멀리 떨어진 수로에 낚싯대를 담그고 긴긴 하루해를 보냈다. 백화점은 밤늦게까지 영업을 하기 때문에, 필자는 저녁이 되고 어두워져도 낚시터에 앉아 있다가, 깜깜해지면 차 안에 앉아서 아내의 퇴근 시간을 기다리곤 했다. 하루 종일 날씨가 찌뿌둥하더니, 저녁 무렵이 되자 후드득후드득 빗방울이 떨어지기 시작했다. 찬비가 옷을 적셔도 귀찮아서 꼼짝도 하지 않았다. 이내 빗물에 몸이 추워지고 가늘게 떨리기 시작했다. 그렇게 꼼짝도 하지 않고 물을 응시하고 있자니, 그동안의 세월이 파노라마처럼 흘러가기 시작했다. 학창 시절 새벽에 우유 배달하며 학비를 벌던 힘겨운 시절도 흘러가고, 아내와 처음 만나 연애하며 가슴이 콩닥콩닥하던 시절도 스쳐 지나가고, 짧았지만 신혼의 단꿈에 젖었던 때도 실루엣처럼 느리게 지나갔다. 그러자 가슴이 뭉클해지며 눈시울이 붉어졌다. 차가운 빗물이 머리를 타고 내려와 뜨거운 눈물에 섞여서 흘러내렸다. 얼마나 그렇게 있었을까?

주변이 깜깜해져서 아무것도 보이지 않았다. 북받치는 감정을 누르지 못하면서 갑자기 필자의 입에서는, "하나님 한 번만 기회를 주세요."라는 말이 자신도 모르게 새어 나왔다. 연신 한 번만 기회를 달라고 애걸복걸하는 소리가 비가 추적추적 내리는 낚시터에 울려 퍼졌다.

다음 날부터는 낚시터에 나가지 않았다. 그냥 침대에 누워 있었다. 머릿속은 복잡했다. 하나님께 한 번만 기회를 달라고는 했지만, 무엇을 어떻게 해야 할지 아무것도 생각나지 않았기 때문이다. 그리 오랜 시간이 지나지 않아서 필자는 성경을 뒤지기 시작했다. 하나님을 만나는 기회를 얻는 방법은 성경에 기록되어 있을 거라는 생각에서였다. 필자는 누가 전도해서 교회에 나간 사람이 아니었다. 여러 차례 기도응답을 경험한 끝에 하나님이 살아 계신 것을 부인할 수 없어서 자발적으로 나간 것이다. 그러나 정작 교회에 나가서는 하나님을 만나지 못했다. 필자가 맨 처음 경험한 하나님은 기적과 이적으로 자신의 존재감을 드러내시는 분이셨지만, 교회에서는 그런 하나님을 만나지 못했다. 관념적이고 사변적인 성경 지식 안에서의 하나님에 대한 설명을 배웠을 뿐이며, 종교의식에 참석하고 희생적인 신앙행위를 반복하는 게 전부였기 때문이다. 그러나 필자의 영혼의 상태는 물론, 수렁에 빠져 허우적거리는 삶을 들여다보면 하나님께서 내 안에 계시다는 것을 믿을 수 없었다. 하나님을 만나는 법이 기록된 성경구절을 찾는 것은 그리 오랜 시간이 걸리지 않았다.

그러나 네가 거기서 네 하나님 여호와를 찾게 되리니 만일 마음을 다하고 뜻을 다하여 그를 찾으면 만나리라 (신 4:29)

너희가 온 마음으로 나를 구하면 나를 찾을 것이요 나를 만나리라

(렘 29:13)

　성경에는 하나님을 만나는 법에 대한 구절이 적지 않게 나온다. 그러나 영접기도를 하고 주일성수를 하는 교인들은, 이미 성령께서 찾아온 것이라고 가르치기 때문에 위의 말씀이 자신과 상관없다고 여기기 마련이다. 그러나 필자는 아니었다. 하나님이 내 안에 계시지 않는다는 것은 인정할 수밖에 없었기 때문에, 위의 말씀이 눈에 들어왔다. 하나님을 만나려면 마음을 다해서 찾아야 한다고? 그래서 그때부터 하나님을 부르는 기도를 하게 되었다. 처음엔 하나님을 부르는 게 여간 어색하고 낯선 게 아니었다. 그렇게 며칠 불러 보았다. 그러나 아무 일도 일어나지 않았다. 교회에서 아무도 하지 않는 기도를 하는 나 자신이 기이해 보이기까지 했다. 그러나 필자는 그걸 고민할 겨를이 없었다. 그래서 하나님을 부르는 기도를 더욱더 열심히 하기 시작했다. 몇 개월을 불러도 아무 일도 일어나지 않았지만, 필자가 할 수 있는 일은 아무것도 없었다. 성경이 살아 계신 하나님의 말씀이라면, 전심으로 하나님을 부르는 것이 성경적이지 않은가? 그러면서 아내와 같이 저가 화장품 장사를 시작했다. 자본이 없어서 다른 장사를 할 엄두도 내지 못하였고, 중년의 남자에게 주

어진 직장은 경비나 청소, 운전과 같은 허드렛일밖에 남아 있지 않았다. 그런데 우연히 생활광고지에 무자본으로 장사를 할 수 있다는 광고가 나서 찾아가 보니, 회사에서 아침에 화장품을 공급해 주면, 하루 종일 팔다가 저녁에 회사에 돌아와서 마진을 뺀 금액만을 입금하면 된다고 하였다. 그래서 아내와 상의를 한 끝에, 자동차에 화장품을 싣고 다니면서 재래시장으로 식당가로 다니면서 판매하기로 하였다. 그렇게 필자의 삶은 그간의 모습과 다르게 변해 있었다. 아침 겸 점심을 먹고 재래시장과 식당가를 다니면서 화장품 장사를 하면서 차 안에서 기도하고 운전할 때 하나님을 불렀다. 걸어 다니면서 기도하고 산책하고 운동할 때도 성령의 내주를 간구했다. 왜 그렇게 악착같이 하나님을 불렀느냐고? 그게 중년의 나이에 사그라지던 영혼을 살리는 마지막 기회라는 사실을 알았기 때문이다. 물론 하나님을 부르는 기도를 해서 달라진 것은 없었다. 그러나 삶이 펴지고 생활이 나아질 거라는 기대는 하지 않았다. 하나님을 부르는 기도는 성경에 기록된 사실이고, 전심으로 기도하고 쉬지 않고 기도하는 것도 성경에 나온 하나님의 명령이기 때문이다. 물론 이런 기도를 하는 교회도 없고 그런 사람도 본 적이 없었다. 그러나 하나님을 부르는 기도가 마지막일지도 모를 영혼을 불태우는 일이라는 것임을 잘 알고 있었다.

그렇게 시간이 빠르게 지나갔다. 1년은 기어서 더디게 지나갔지만, 2년은 걸어서 지나갔고 3년째는 습관이 들어서 그런지 재빠르게 날아갔다. 그렇게 10년이 지났다. 그동안 필자의 삶이 바뀐 것은 별로 없었다. 10년이 넘게 성실하게 장사하니까, 단골고객이 많아진 것이 달라진 것이라면 달라진 것일 게다. 기적 같은 일이 없었던 것은 아니었다. 채무자들이 스스로 빚을 탕감해 주는 일이 생겼다. 그래서 더 이상 연체이자를 내지 못해 빚이 늘어나지 않았으며 이자가 높은 채무는 조금씩 갚아 나갔다. 그렇게 10년이 지나자 빚이 많이 줄어 있었다. 그게 기적이라면 놀라운 기적이었다. 그동안 뼈를 깎는 고통을 마다하지 않고 닥치는 대로 일했지만, 빚이 더욱 늘어난 것과 반대였으니까 말이다. 10년이 넘어서자 습관이 들어서 그런지 기도하는 게 너무 쉬워졌고 편해졌다. 그러나 쉬지 않는 기도에 대한 갈망이 줄어들지 않았다. 아침에 일어나면 오늘 하루는 쉬지 않는 기도를 해 보자고 결심하고 시작했지만, 잠자리에 들면서 생각해 보면 성에 차는 기도를 한 날이 거의 없었다. 그렇게 매일 쉬지 않는 기도에 대한 결심을 다지면서 세월을 보냈다고 해도 과언이 아닐 것이다.

  그러던 어느 날부터 성령께서 말씀을 하시기 시작했다. 시작은 아내의 입을 통해 하나님의 사자라고 신분을 밝힌 영이 말을 하면서부터였다. 그때의 일을 밝히자면, 필자 부부는 원룸을 얻어 기도처와 예배 장소로 삼고 있었다. 그래서 일터에서 돌아오면 저녁을 먹고 기도하다가, 자정 무렵이 되면 동생이 임대해 준 아파트로 잠을 자러 돌아가곤 했다. 저녁기도는 대략 밤 10시부터 자정까지 하곤 했다. 아내와 필자는 원룸 벽에 등을 기대어 나란히 기도하였다. 자정이 가까워지면서 필자가 기도를 끝내고 아내가 기도를 마칠 때까지 기다리고 있었다. 그때 아내가 관절을 구부리지 않고 원판에 앉은 것처럼 몸을 천천히 돌리며 필자를 대면하였다. 그리고는 여성스러운 아내의 목소리가 아니라 중성의 음성이 천천히 들리기 시작하였다. 그 음성의 내용을 대략 옮겨 보면, 먼저 15년 전 고1 때 백혈병으로 세상을 떠난 조카의 이야기로 시작했다.

그 조카는 필자 누나의 아들로 경기도 부천의 학원에서 영어 강사로 있던 필자에게, 조카가 중1 때 겨울방학을 맞아 1달간 공부를 하러 온 적이 있는데 주일이 되면 같이 교회에 가면서 예수님을 소개했었다. 그 후에 공부를 마치고 대전의 본가로 되돌아가서도 가까운 교회를 찾아가 신앙생활을 계속했다고 한다. 그런데 안타깝게도 백혈병으로 꽃다운 나이에 이 땅을 떠나갔다. 필자 부부가 끔찍이 아꼈던 터라 슬픔이 적지 않았지만 15년이 지나자 스멀스멀 기억에서 사라져 갔다. 그런데 그 천사는 그 조카의 이름을 부르면서, 천국에서 우리 부부를 기다리고 있다고 하였다. 그러고는 외로이 홀로 살고 있는, 조카의 어머니인 누나를 잘 보살피라는 말도 덧붙였다. 그리고 필자의 사역에 대한 말을 하였는데, 필자의 아내가 사역을 도울 것이라는 말과 함께 사역에 환란도 있겠지만 자신도 돕겠다고 말씀하셨다. 그러고는 마지막으로 자신이 하나님이 보낸 천사라고 신분을 밝혔다. 다른 내용도 있었지만 공개하기 어려운 개인적인 사항이라 생략하기로 하겠다.

이런 일이 있고 난 다음부터 영음으로 된 음성을 듣게 되었다. 영음이란 갑자기 누군가가 귀에 들려주는 음성을 듣는 것과 같은 느낌으로 알게 되는 것을 말한다. 처음에는 며칠에 한 번씩 말씀해 주시기도 했으며 어느 때는 매일 말씀해 주시기도 하였다. 하루에 한 번 혹은 여러 번 말씀해 주신 적도 있다. 그러나 그 영음의 말씀이 성령이 주시는 것인지 아니면 귀신이 넣어 주는 속임수인지, 아니면 필자의 생각인지 도저히 분별할 수가 없었다. 그래서 수첩에 그 내용을 적어 놓기 시작했다. 영음의 내용 중에서 앞으로 일어날 사건에 대한 예언의 내용도 적지 않았기 때문에, 그 말씀대로 성취되는지 확인해 보아야겠다는 생각에서였다. 그렇게 적은 내용이 책으로 2권이 넘는다. 지금은 예언의 말씀대로 사역도 열리고, 예언의 말씀들이 많이 성취되어서 그 내용들을 확인하는 게 어렵지 않지만, 당시에는 분별하는 게 무척이나 곤혹스러웠다.

그러던 어느 날 기이한 사건이 벌어졌다. 필자의 지인 중 한 명이 정신분열증에 걸린 것이다. 그 지인이 정신분열증에 걸려서 매일 밤이면 잠을 자지 않고 아파트를 배회하여서 사람들을 공포의 도가니로 몰아넣었으며, 고층아파트에서 살림살이를 마구 던져서 주민들의 원성을 사고 있었다. 심지어는 집 안에서 애완용으로 기르던 토끼까지 집어 던져 죽게 하였으니 식구들의 불안과 두려움을 짐작하기에 어렵지 않을 것이다. 경찰을 불러도 범죄행위가 없었으므로 곧 집으로 다시 돌려보냈다. 그러나 증세가 점점 심해져서, 달리는 택시 안에서 차 문을 열고 뛰어내리려고 시도하여 택시기사를 질겁하게 만들거나, 달리는 열차에 뛰어들어 아슬아슬하게 목숨을 건지기도 하였다.

그러던 와중에 그 지인의 남편에게서 연락이 왔다. 필자에게 병원에 동행해 달라는 내용이었다. 그래서 대전에서 제법 큰 종합병원 정신과에 가서 진찰을 받으니 중증으로 격리병동에 입원시켜야 한다고 하였다. 그러나 입원비가 하루에 10만 원의 큰 금액이었다. 그런데 그 지인은 10여 평의 임대주택에 살 정도로 가난했다. 그래서 마음의 짐만 안고 집으로 돌아오게 되었다. 그때 필자는 그 남편에게 제안을 했다. 필자의 아파트에 데려다가 기도해 보겠다고 말이다. 왜냐면 만약 정신분열증이라면 전혀 앞뒤가 맞지 않는 이야기를 하거나 히죽히죽 웃는 모습을 보여야 하는데, 이 지인은 황당무계한 말을 하기는 했으나 나름대로 스토리를 가지고 이야기했기 때문이다. 그래서 혹시나 하는 마음으로 귀신축출기도를 해 보아야겠다고 마음먹었다. 그 지인의 남편은 다른 방도가 없었기에 허락하였고, 필자 부부는 그 지인을 필자가 사는 아파트로 데려왔다. 지인은 밤에 잠을 자지 않고 깨어 있었기에, 필자 부부가 번갈아 잠을 자면서 감시해야만 했다. 칼이나 가위 등 흉기가 될 만한 물건 등도 치워 놓았다. 지인의 눈은 물고기의 눈처럼 보이는 대상에 따라 움직이지 않고 풀려 있어서 섬뜩하기조차 한 것이 인상적이었다. 어쨌든 밤낮으로 필자 부부는 지인을 붙들고 귀신을 쫓아내는 기도를 하기 시작했다. 그렇게 하루가 지나고 이틀이 지났지만 아무 일도 일어나지 않았다. 그렇게 3일째 되는 날, 아침에 눈을 뜨니 그 지인이 정상으로 돌아와 있었다. 그래서 필자는 너무 놀라서 도대체 어떻게 된 거냐고 큰 소리로 물었다. 그랬더니 도리어 그 지인은 왜 자기가 여기에 있느냐고 되묻는 것이 아닌가? 기가 막힌 일이었다. 나중에 그 지인을 통해 들은 내용은, 어떤 영이 자신에게 들어와서 자신이 하나님이라고 밝히면서 자신의 말에 순종하면 엄청난 축복을 내려 주겠다고 제안했다는 것이다. 그래서 살림살이를 아파트 밑으로 내던지고, 택시 안에서 뛰어내리거나 달리는 열차에 뛰어들려고 한 것도 이 영이 시켜서 한 일이라는 했다. 이 사건이 필자가 처음으로 귀신을 쫓아낸 사건이었다.

그러나 이 소식은 알음알음으로 조용히 소문이 나기 시작했다. 필자 부부가 축출기도로 귀신을 쫓아낸다는 것이 아니고, 기도로 정신병을 고친다고 소문이 난 것이다. 그래서 아는 사람들이 소문을 듣고 정신병을 고쳐 달라고 필자에게 찾아오기 시작했다. 손사래를 치면서 돌려보내려고 해도, 그들은 한사코 기도를 받겠다고 물러서지 않았다. 필자에게 찾아온 사람들은 죄다 정신질환자들이었는데, 축출기도를 하면 귀신이 드러나는 증상이 일어났다. 그래서 필자는 치유하는 기도를 한 게 아니라 귀신을 쫓아내는 기도를 하게 되었다. 사람들마다 귀신이 드러나는 증상이 서로 달랐으며, 필자는 난생처음으로 경험하는 사건들이었다. 그래서 그때마다 성령께 물어보면 대답해 주시면서 귀신을 쫓아내고 정신질환을 치유하는 사역에 발을 들이게 된 것이다.

그렇게 약 3년 동안 정신질환자들에게 들어간 귀신들을 쫓아내면서, 성령으로부터 귀신의 정체와 공격계략 등에 대한 정보를 배우게 되었다. 그런 와중에 성령께서 필자의 사역에 대해 말씀해 주시기 시작했다. 필자의 사역은 귀신을 쫓아내고 귀신을 활동성을 알리면서, 기도훈련을 시켜서 기도의 일꾼을 세우고 악한 영과 싸워 이기는 정예용사를 양육하는 사역이라는 것이었다. 그러나 어떻게 기도훈련을 시켜야 하는지 고민이 되었다. 그래서 생각 끝에, 인터넷 포털사이트인 다음(DAUM)에 '크리스천 영성학교'라는 카페를 내고 칼럼 몇 개를 올리면서, 성령이 내주하는 기도훈련을 원하는 사람들은 신청하라는 광고를 올렸다. 필자가 13년 동안 기도했던 내용을 그대로 훈련시키는 것으로서, 카페에서 훈련신청을 하면 매일 핸드폰 문자로 기도코칭을 하는 것이었다. 처음 1년 동안은 별 소식이 없었지만, 1년이 지나자 카페가 많은 이들에게 알려지면서 사람들이 기도훈련을 신청하기 시작했다.

기도코칭의 내용은 단순했다. 기도한 시간, 기도했을 때의 느낌과 현상, 그날 읽은 성경과 성경을 읽은 소감을 작성해서 보내면 간단하게 코멘트를 달아 주는 것이었다. 물론 그전에 필자의 기도자세나 기도방식을 말해 주어서 그대로 따라 해야 할 것은 요구한다. 생각보다 많은 이들이 기도코칭을 신청했다. 무료로 직접 멘토가 되어 준다니까, '뭐 한번 해 보지.' 하는 생각이 들었나 보다. 그러나 기도코칭 문자를 보내지 않으면 자동적으로 코칭은 중단되었다. 그래서 많은 이들이 시작은 했지만, 동시에 많은 이들이 중도에 포기했다. 하루에 10분도 기도하지 않던 이들이, 매일 1시간 넘게 기도한다는 게 쉬운 일이 아니었기 때문이다. 그러나 그만둔 이들을 찾아가서 이유를 물어보고 동기부여를 할 수도 없는 노릇이어서, 많은 이들이 기도훈련을 시작했지만 제대로 하는 이들은 많지 않았다.

그렇게 또 세월이 흘러갔다. 수백 명의 사람들이 기도훈련을 시작하였지만 중도에 포기하곤 했다. 그러다가 성령께서 떨어져 나가는 이들이 많다고 하시면서, 기도훈련 장소를 마련해 주시겠다고 말씀하셨다. 그러나 필자는 실제로 그런 일이 생길지 확신할 수 없었다. 기도로써 귀신을 쫓아내거나 고질병을 치유하는 일은 성경에도 기록되어 있으므로 얼마든지 그럴 수 있지만, 기도훈련 장소를 마련해 주시고 사람들을 보내 주신다는 것은 눈으로 보지 않으면 믿기 어려운 일이었기 때문이다. 그 말씀을 해 주시고 나서도 몇 개월이 지나갔고, 필자는 성령께서 해 주신 말씀조차 잊어버렸다.

그러던 어느 날 생면부지의 낯선 여자에게서 전화가 걸려 왔다. 자신이 우연히 인터넷에 실린 필자의 칼럼을 읽고 있었는데, 갑자기 자신이 살고 있는 집을 필자에게 주라는 생각이 들었다고 했다. 그래서 '왜 이런 생각이 들지?' 하면서 생각을 떨쳐 버렸는데, 이런 일이 5번이나 있어서 '그분이 집이 없어서, 하나님께서 내가 살고 있는 집을 주라고 하시나 보다.'라고 생각해서 전화를 걸었다고 했다. 그러나 필자는 살고 있는 집이 있다고 하니까 자신도 멋쩍은지 전화를 끊었다. 전화를 끊고 나자, 옆에 있던 아내가 무슨 전화냐고 물어보았다. 그래서 "아 글쎄, 어떤 사람이 집이 없다면 자신이 살고 있는 집을 주겠다는 전화야. 이상한 사람이네." 하면서 함께 웃고 말았다. 그러다가 갑자기 필자의 머리에 떠오르는 생각이 있었다. '혹시 그 집이 성령께서 말씀해 주시는 기도훈련 장소인가?'라고 말이다. 그래서 재발신을 눌러서 한번 가 보겠다고 주소를 알려 달라고 했다.

자동차의 내비게이션에 주소를 입력하고 달려간 곳은, 대전에서 1시간이 조금 넘는 거리인 충주의 한적한 시골의 허름한 농가주택이었다. 그러나 그 집의 실제 주인은 따로 있었고, 자신은 보증금 200만 원에 월세 20만 원을 주고 사는 세입자였다. 그러나 그녀는 보증금을 포함해서 가전제품은 물론, 심지어 자신이 기르던 개까지 몽땅 주겠다는 것이었다. 그녀의 말은 실제가 되었다. 집주인과 보증금 승계계약을 맺고 난 뒤 문자가 왔다. 현관문 열쇠는 신발장 안에 넣어 두었다고 말이다. 그 뒤로 필자는 그녀를 보지 못했다. 한적한 시골의 30년이 넘은 허름한 농가주택이 기도훈련 장소라고? 기가 막혔다. 그러나 필자가 고민할 틈이 없이 사역이 시작되었다.

훈련장소를 마련해서 기도훈련을 시작한다고 카페 게시판에 공지하니, 첫 주부터 몇 사람이 찾아왔다. 그렇게 몇 개월이 지나자 매주 찾아오는 사람들이 불어났으며, 성령님의 인도하심과 예언의 성취로 기적이 일어나서, 지금은 1,200평의 부지를 구입하여 새로 건물을 짓고 이사 온 지도 9년이 흘렀다. 새로 짓고 이사 온 집은 내부 면적이 100평 가까이 됐지만, 4년이 지나자 이 역시 좁아져서 다시 증축해서 홀을 넓혔다. 그동안 1,000명이 훨씬 넘는 사람들이 찾아와서 기도훈련을 시작하였고, 기도훈련을 마치고 영성학교를 교회공동체로 삼아 눌러앉은 이들도 300명을 넘어섰다. 그동안 성령의 능력으로 귀신이 쫓겨나가고 정신질환과 고질병이 치유되며 지난한 삶의 문제가 기적처럼 해결되는 일이 수백 건이 넘었다. 필자가 하나님을 만났다고 고백하는 것은, 기도응답이나 과거에 받은 은혜를 근거로 말하는 게 아니다. 필자가 그동안 경험한 기적이 2,000번이 넘는다고 하면 당신은 믿겠는가? 성경의 기록처럼 이적과 표적으로, 귀신을 쫓아내고 정신질환과 고질병을 치유하고 삶의 지난한 문제를 기적으로 해결하면서 경험한 증거로 말씀드리는 것이다.

2부

어떻게
하나님을 만날 것인가?

1

하나님은 누구를 만나 주시는가?

—

여호와의 눈은 온 땅을 두루 감찰하사 전심으로 자기에게 향하는
자들을 위하여 능력을 베푸시나니(대하 16:9)

위의 말씀은 하나님이 누구를 만나 주시는지 콕 집어서 말해 주고 있
다. 그 비결은 바로 '전심으로'이다. 전심이란 한자어로 全(모두 전)과 心
(마음 심)을 붙여 놓은 단어이고, 풀어서 쓴다면 '온 마음을 다하여'라는
뜻이다. "네 마음을 다하고 목숨을 다하고 뜻을 다하여 주 너의 하나님
을 사랑하라"(마 22:30), "만일 마음을 다하고 뜻을 다하여 그를 찾으면
만나리라"(신 4:29) 이처럼 성경에는 하나님을 찾을 때나 하나님을 사랑
할 때 붙이는 조건이 바로 '마음을 다하여'이다. 그래서 하나님은 전심으
로 하나님께 마음이 향하여 있는 자들을 찾고 계신다. 그러므로 당신도
이 조건에 부합한다면, 하나님을 만나 동행하면서 놀라운 성령의 도구
로 살게 될 것이 틀림없다. 그러나 이는 디지털이 아니라 아날로그로 적

용된다는 것이 문제이다. 마음을 다한다는 뜻은 관념적인 단어이기 때문에 객관적으로 측정이 불가능하다는 뜻이다. 아날로그 시계는 시침과 분침이 숫자가 적힌 문자판을 돌게 되어 있다. 그래서 시침과 분침을 보면 대략 몇 시쯤인지 측정할 수 있다. 그러나 디지털 시계는 명확하게 숫자로 표시가 되어 있다. 그러므로 대략이라는 표현이 무색할 정도로 정확하다. '마음을 다하여'라는 표현은, 자신이 그렇게 하고 있다고 주장하면 인정할 수밖에 없다. 객관적이고 정확하게 측정할 수 없기 때문이다. 그래서 자신이 마음을 다해서 하나님을 사랑하고 전심으로 하나님을 찾고 있다고 주장하면 이를 인정할 수밖에 없다. 그러나 자신이 주장하는 게 중요한 것이 아니라 하나님이 인정해 주시는 증거나 변화, 능력과 열매가 있어야 하지 않겠는가? 그것이 없다면, 내가 하면 로맨스 남이 하면 불륜이라는 이중 잣대인 내로남불에 불과하기 때문이다.

그렇다면 교과서인 성경으로 돌아가서, 하나님께서 어떤 마음의 소유자를 만나 주셨는지 확인해 보면 이를 가늠하는 게 어렵지 않을 것이다. 먼저 아브라함이다. 아브라함 시대에는 하나님을 아는 사람들이 전혀 없었다. 물론 성경도 없던 시절이다. 그런데 어느 날 하나님께서 아브라함에게 나타나서 자신이 세상을 지으신 여호와 하나님이라고 신분을 밝히면서 자신을 믿으면 복의 근원이 되는 통로로 사용하시겠다고 말씀하신다. 아브라함이 어떤 마음으로 하나님을 믿었는지 모르지만, 여하튼 하나님이 그의 믿음을 의롭다고 인정해 주셨다는 것이 중요하다. 그 마음을 잴 수 있었던 증거는 외아들 이삭을 죽여 번제로 드리라는 하나님의 명령에 대한 그의 절대적인 순종이었다. 이처럼 눈에 넣어도 아프지 않을 외아들을 죽여서 하나님께 번제로 바치는 마음이라면 전심이라는 표현에 합당할 것이다. 다음으로 아브라함의 손자인 야곱을 살펴보자. 야곱의 마음을 엿볼 수 있는 대목은 얍복강 가에서 천사와 씨름하던 사건이다. 야곱은 외삼촌 라반의 집에서 20여 년의 암울한 시간들을 보냈다. 그러나 하나님의 축복을 받아 네 아내와 열두 아들을 거느린 가장이 되었고, 엄청난 소와 양을 소유한 거부가 되어 금의환향하는 가슴 설레는 날을 맞이하게 되었다. 그러나 기쁨도 잠시, 동생에게 장자권을 빼앗긴 형이 수백 명의 부하들을 이끌고 복수의 칼날을 갈며 달려오고 있다는 소식을 접하게 된다. 평생 일구어 놓았던 가족들의 목숨과 행복이 순식간에 사라질 절체절명의 위기에 놓이자, 그는 모든 가족들을 강 건너편에 떠나보내고 하나님의 사자와 목숨을 건 싸움을 하게 된다. 결론은 여러분도 다 아실 것이다. 그때 죽기 살기로 하나님의 사자의 옷을 잡고 소리를 지르던 야곱의 마음이 바로 전심임에 틀림없다.

세 번째로 성경 최고의 전심을 살펴보자. 그분은 다름 아닌 예수님이시다. 예수님은 하나님으로 인간의 몸을 입고 이 땅에 오셔서 육체의 한계와 연약함을 몸소 견디셔야 했다. 그분이 오신 목적은 십자가의 죽음을 위해서이다. 죽음을 앞두고 기도한 장소가 바로 그 유명한 겟세마네 동산이다. 예수님이 얼마나 애를 쓰고 용을 썼든지 이마의 모세혈관이 터지고 땀방울이 마치 핏방울이 뚝뚝 떨어지는 것처럼 보였다고 성경은 기록하고 있다. 이 광경이 바로 진정한 전심의 모습이다. 하나님은 이런 전심의 마음을 보이는 자에게 찾아오셔서 만나 주신다고 약속하고 있으시다. 그래서 당신은 이런 마음으로 하나님을 찾고 계시는가? 아쉽게도 우리네 교회는 3분짜리 영접기도 행위에 아멘 하기만 하면 성령께서 자동적으로 들어오신다고 가르치고 있으니 기가 막힌 일이다. 이런 기도에 전심이 들어설 자리가 있겠는가? 그러나 교단신학자들이 자의적으로 해석한 성경구절을 앞세워서 이를 믿는 것이 성경적인 믿음이라고 가르치고 있는 것이 우리가 마주한 암울한 교회의 현실이다.

예수님을 영접하는 것이 영접기도 행위인가?

아브라함은 하나님께서 그에게 찾아가셨고, 이스라엘 백성들은 그들의 조상을 통해서 하나님의 존재를 알게 되었다. 하나님을 안다고 하는 것과 만나서 동행한다는 것은 다른 개념이지만 말이다. 예수님이 십자가에 돌아가시고 나서, 그 이름을 믿는 자들은 유대인이나 이방인이나 상관없이 하나님의 백성이 되는 길이 열렸다. 그래서 유대 땅에서 아주 먼 곳에 있는 우리나라에도 복음이 전해진 것이다. 그러면 우리는 하나님을 어떻게 만나는가? 대부분의 크리스천들은 영접기도 행위를 하고 주일성수를 하면 하나님을 만나고 있다고 알고 있다. 그렇다면 영접기도 행위란 무엇인가? 예수님을 그리스도와 하나님이신 것을 믿는다고 고백하는 기도행위이다. 그래서 이 기도행위가 하나님을 만나는 성경의 근거로 여겨지는 이유에 대해 알아보자.

영접하는 자 곧 그 이름을 믿는 자들에게는 하나님의 자녀가 되는 권세를 주셨으니(요 1:12)

'영접하다'라는 단어는 헬라어로 'λαμβανω(람바노)'로 '받아들이다'라는 뜻이다. 예수님을 구세주이자 하나님으로 받아들이는 자는 하나님의 백성이 된다는 뜻이다. 그렇다면 그게 영접기도 행위에 아멘 하기만 하면 되는 것인가? 물론 시작은 될 수 있다. 그러나 일회적인 기도행위로 하나님의 자녀가 되는 것이 성경적인가? 영접기도 행위를 하고 나서 신앙을 내팽개치고 교회를 떠난 사람들이 부지기수이다. 이들은 한때 예수님을 영접한다고 진지하게 결심하였지만 그리 오래가지 못하였다. 신앙을 잃어버린 이들에게 영접기도 행위가 유효하다고 할 수 없을 것이다. 그렇다면 여전히 교회 마당을 밟으며 예배의식에 참석하여 헌금을 드리며 교회봉사를 하는 이들에게는 유효한가? 그런 종교행위가 예수님을 구세주로 영접하는 행위와 동일한가? 당연히 교회에서 요구하는 종교적인 행위로 증명되는 것이 아니라 삶의 현장에서 예수님을 하나님으로 인정하며 살고 있어야 할 것이다.

위의 요한복음 1장 12절로 돌아가서, 영접하는 자를 예수 그리스도의 이름을 믿는 자와 동일하게 나열하고 있다. 결국 예수님을 그리스도로 영접하는 사람은 자신의 죄를 고백하고 예수님을 구세주로 믿는 사람이라는 뜻이다. 이 역시 믿음의 잣대가 무엇인가? 예배의식에 참석하거나 희생적인 신앙행위를 근거로 앞세우는 자기확신이나 교회에서 믿는다고 인정해 주면 되는 것인가? 성경에서 말하는 믿음은 자신의 주관적인 판단이 아니라 하나님이 인정해 주셔야 한다. 예수님은 겨자씨만 한 작은 믿음이 있다면 기적과 이적을 일으킨다고 하셨으며, 믿음의 표적으로 귀신을 쫓아내며 질병을 치유하는 성령의 능력으로 증명해 보여야 한다고 콕 집어서 말씀하셨다. 그러나 무능하고 무기력한 우리네 교회는 이러한 예수님의 말씀을 자의적으로 해석하여, 이 시대는 그런 성령의 능력 따위는 필요 없다는 말로 대신하고 하늘을 가리고 있으니 기가 막히다. 이는 세대주의 학자들의 주장인, 하나님이 시대별로 다스리는 방식이 다르다는 말에 동의하는 것이 아닌가? 그들은 겉으로는 세대주의 학자들의 이단적인 학설을 개혁해야 한다고 교단 앞에 개혁이라는 말을 앞세우지만, 정작 뒤로는 그들의 주장을 따라가고 있는 행태를 보이고 있다. 아브라함의 하나님은 야곱의 하나님이 되셨으며 수천 년이 지난 지금의 우리에게도 살아 계셔서 역사하시는 하나님이시라면, 아브라함에게 나타나신 대로 지금의 우리에게도 동일하게 드러내셔야 할 것이다. 그러나 하나님께서 지금은 초대교회 때와 다른 방식으로 역사하신다고 주장한다면 성경을 뒤집는 패역무도한 행위가 될 것이다. 결론적으로 영접기도 행위가 하나님을 만나는 시작이 될 수는 있겠지만, 날마다 삶의 현장에서 전인격적으로 예수님을 받아들이지 않는다면 하나님과 만나고 있는 상태는 아니다. 다시 말하지만, 하나님은 영이시기 때문에 우리의 영혼과 교제하려면 기도라는 통로를 통해서 만날 수 있다. 과거에 기도했다면 과거의 일이고, 현재에도 만나고 있다면 날마다 쉬지 않는 기도로써 성령과 깊고 친밀하게 교제하고 있어야 할 것이다.

2

하나님을 만나는 기도의 시작은 회개이다

—

하나님을 믿는다는 것은 자신의 죄를 회개하고 예수님을 구세주로 믿는다는 의미이다. 그러므로 하나님을 영접하는 자와 그 이름을 믿는 자(요 1:12)의 의미는 동일하다. 그렇다면 하나님을 만나는 시작은 무엇인가? 바로 자신의 죄를 낱낱이 내어놓고 회개하는 것에서 출발해야 한다. 예수님과 세례요한의 공생애 시작의 첫마디는 동일하게 "회개하라 천국이 가까웠느니라"였다. 천국이 무엇인가? 예수님이 우주의 한쪽에 지어 놓은 신도시가 아니라 하나님이 통치하시는 곳이 바로 천국이다. 그래서 예수님은 천국이 여기 있다 저기 있다가 아니라 우리 안에 천국이 있다고 일갈하셨다. 이는 성령 하나님이 우리 안에 들어오셔서 통치하시게 되면 천국이 이루어졌다는 의미이다. 그렇다면 아브라함의 혈통으로 하나님의 선민이라는 자부심이 하늘을 찌를 듯한 유대인들에게 하신 예수님의 선포는, 그들이 하나님과 단절된 채로 살고 있다고 진단하신 게 아니고 무엇이겠는가? 그들은 자신들이 여호와 하나님을 믿고 있으며 하나님은 만세 전에 자신들을 천국에 들이실 민족으로 선택하셨다고 철석같이 믿고 있었지만 예수님의 생각은 달랐다. 그들은 유대교를 믿는 종교인에 불과했지 하나님이 통치하시는 백성이 아니라는 것이다. 그렇다면 무엇이 하나님과 하나님이 택하신 백성들을 단절시키고 분리시켜 놓았는가? 바로 죄이다. 그래서 예수님과 세례요한은 동일하게 회개하라 천국이 가까웠다고 외치셨던 것이다. 이 말씀을 뒤집어 보면 회개하지 않으면 지옥불에 던져진다는 뜻이다. 그렇다면 성경이 말하는 죄는 무엇이고, 어떤 죄를 회개해야 할 것인가?

성경에서 말하는 죄는 우리가 일반적으로 알고 있는 죄와 본질적으로 다른 단어이다. 우리가 알고 있는 죄는 현행법을 위반하거나 도덕적인 규범을 어겼을 때 사용되는 잣대이다. 그러나 성경에서 말하는 죄는 하나님의 뜻에 반하는 모든 말과 행동, 성품과 행동을 총망라하는 단어이다. 죄란 헬라어로 '하마르티아'라는 단어인데, 이 단어의 뜻은 화살이 과녁에서 벗어났다는 의미이다. 그러나 우리말로 죄라고 읽는 순간, 죄라는 단어가 이미 사람들 사이에서 내재되어 있던 의미로 재해석되기 십상이다. 그래서 우리네 교회가 성경에서 말하는 죄에 대해 철저하게 가르치고 배워야 하지만 현실은 정반대이다. 교인들은 자신들이 이미 구원을 받았다고 믿고 있는데, 굳이 죄를 들추어내서 심기를 거스르고 상처를 헤집는 것을 아주 싫어한다. 그래서 교인들의 눈치를 살펴야 하는 목회자들은 교인들이 싫어하는 주제를 꺼내지도 않는 것이다. 사정이 이렇다 보니, 교인들은 자신들이 죄가 없다고 여기거나 아니면 죄에 대해 무지한 상태로 교회 마당을 밟고 있는 중이다. 그렇다면 아무도 죄에서 자유롭지 못하지만 우리네 교회에서 침묵하는 죄에 대해서 찬찬히 살펴보자.

먼저 거룩하게 살라는 명령을 위반하는 죄이다. 하나님은 "내가 거룩하니 너희도 거룩할지어다"(레 11:45, 벧전 1:16)라고 명령하고 계시다. 거룩하다는 의미는 성결이라고도 바꾸어 쓰며 죄에서 깨끗하게 된 상태를 말한다. 그래서 천국에 들어가는 백성들은 하얗고 깨끗한 세마포 옷을 입고 있다고 말하는 것이다. 그래서 말인데, 당신은 거룩하게 살고 있는가? 대부분의 크리스천들의 반응을 아는 게 어렵지 않다. 이에 대한 반응은 "사람이 어떻게 그렇게 살 수 있어요?"라면서 뒤를 이어서 "나도 노력하고 있어요."라고 대답하고 있다. 이 말의 의미는 나는 거룩하게 살 수 있는 능력도 없으며 거룩하게 살 생각도 없다는 뜻이고, 그래서 내가 할 수 있는 영역에서 거룩하게 살려고 노력하고 있으니까 그런 말도 안 되는 주문은 하지 말라는 복선이 깔려 있다. 이런 투의 대답은 하나님의 명령을 불신하는 태도이다. 말하자면 부족하고 연약한 인간에게 거룩하고 완전한 하나님처럼 될 것을 요구하지 말라는, 지극히 불손하고 반항적인 속내를 숨기고 있는 것이다. 그러나 이런 투의 생각을 아주 당당하게(?) 대놓고 하고 있다.

그렇다면 이런 당당함은 어디에서 오는가? 이는 예수님께서 자신의 죄를 대신해서 돌아가신 보혈의 공로를 믿고 있으니까, 어떠한 불손한 생각이나 죄악도 말끔하게 용서를 받았다는 근거로 이렇게 말하는 것이다. 예수님께서 나의 죄, 우리의 죄, 인류의 죄를 대신해서 십자가에 돌아가셔서 하나님과 화목하게 되는 통로를 열어 주신 것은 사실이다. 그러나 죄와 피 터지게 싸우고 있지만 연약하고 부족해서 어쩔 수 없이 짓는 죄를 십자가 앞에서 통곡하며 회개할 때 용서해 주신다는 것이지, 죄와 싸울 생각도 없는 사람들의 죄까지도 자동적으로 용서해 주신다는 의미는 결코 아니다. 그런 의미라면 하나님을 인정하지 않는 세상 사람들의 죄까지도 용서해 주셔서, 그들이 죄다 천국에 들어갈 수 있도록 해 주셨다는 주장과 무엇이 다른가? 성경은 교인들이 피 흘리기까지 죄와 싸우지 않는다고 한탄하면서(히 12:4), 하나님의 징계와 꾸지람을 흘려 듣지 말라고 경고하고 있다. 만약 거룩하지 않아도 하나님이 용서하셔서 천국에 들이신다면 굳이 이런 말을 성경에 기록하실 이유가 무에 있겠는가? 계시록에서 예수님은 초대교회의 하나인 사데교회의 교인들에게, 그들에게서 온전한 것을 찾지 못했다고 책망하고 계시다. 부족하고 연약한 인간이 하나님처럼 거룩하게 살 수 없는데도 불구하고 완전하고 완벽하게 살지 못했다고 책망하실 수 있겠는가? 그렇다면 사데교회의 교인들에게 내건 엄격한 조건을 우리네 교회의 교인들에게는 면제하시겠는가? 하나님은 우리가 부족하고 연약하다는 것을 알고 계시다. 그래서 우리가 죄와 피 터지게 싸우다가 어쩔 수 없이 넘어지는 죄에 대해서는 예수 그리스도의 보혈을 의지하며 회개하면 죄다 용서해 주시겠지만, 변명을 내세우며 자기 합리화를 하면서 죄와 싸울 생각도 하지 않는 패역하고 교만한 사람들은 절대로 용서할 생각이 없으시다.

그렇다면 우리네 교인들이 간과하는 또 다른 죄에 대해 살펴보자. 하나님은 성경에 기록된 모든 하나님의 뜻을 철저하게 지키며 살 것을 명령하고 계시다. 그래서 당신은 하나님의 뜻을 철저하게 지키며 살고 계신가? 항상 기뻐하라, 범사에 감사하라, 쉬지 말고 기도하라, 이는 그리스도 예수 안에서 너희를 향하신 하나님의 뜻이라고 말하고 있다(살전 5:17~18). 그래서 당신은 언제나 기뻐하며 모든 일에 감사하며 쉬지 않고 기도하며 살아가고 있는가? 이 구절은 대부분의 크리스천들에게 무거운 짐이 되는 말씀이다. 기뻐할 일은 차치하고 고통스럽고 답답한 일이 산적하며, 감사한 일은 눈곱만큼도 없고 하는 일마다 실패하고 손해보는 일이 널려 있다. 이러한데 어떻게 쉬지 않고 기도하며 살 수 있겠는가? 이는 사람으로서는 도저히 할 수 없는 명령이 아닌가? 아마 당신은 겉으로 내색은 안 해도 속으로는 그렇게 생각하고 있을 것이다. 그렇다면 이미 당신은 하나님의 뜻을 지킬 생각도 없고, 지키지 못하는 명령에 대해 통곡하며 회개하지도 않는다는 증거이다. 이렇게 생각하는 것은 하나님의 기준이 아니라 자신의 기준으로 생각하기 때문이다.

당신이 짓고 있는 가장 큰 죄는 하나님을 주인으로 섬기는 것이 아니라, 자기 자신을 주인으로 섬기고 있는 우상숭배의 죄이다. 하나님이 아닌 모든 다른 것들을 하나님보다 더 사랑하고 섬기고 있는 것이 바로 우상숭배이기 때문이다. 성경은 사람들이 자신의 육체와 마음이 원하는 것을 하는 본질상 진노의 자녀라고 선포하고 있다(엡 2:3). 이와 동일한 맥락에서 육신의 생각이 하나님과 원수가 된다고 말하고 있다(롬 8:7). 하나님의 원수와 진노의 자녀는 지옥에 던져질 마귀의 자녀라는 의미를 모르지 않을 것이다. 이들이 짓는 죄는 하나님의 뜻이 아니라 마음이 원하고 자신이 생각하는 대로 사는 죄이다. 당신이 항상 기뻐하지 않고, 모든 일에 감사하지 않으며, 쉬지 않고 기도하지 않는 것은 처음부터 하나님의 뜻대로 살 생각조차 없기 때문이다. 하나님의 뜻을 행하려고 애쓰다가 넘어졌을 때는 회개하면 용서받겠지만, 하나님의 뜻이라고 해도 자신이 할 수 없다고 판단하거나 하고 싶지 않다면 회개할 수도 없고 용서받을 일은 더더욱 없지 않겠는가? 결국 하나님의 뜻대로 살지 않으면서도 자신에게 무슨 죄가 있냐고 생각하고 있으니 기가 막힌 일이다. 이처럼 우리네 교인들은 자신의 기준으로 생각해서 죄가 아니라면 성경에서 무어라고 말해도 죄라고 인식조차 못하고 있다.

　끝으로 기도하지 않는 죄에 대해 생각해 보자. 사도 바울은 쉬지 않고 기도하지 않는 것은 하나님의 뜻을 어기는 것이라고 말했고, 예수님도 종말이 가까울수록 깨어서 항상 기도하라고 명령하셨으며, 사무엘은 기도를 쉬는 게 죄라고 콕 집어서 말씀하셨다. 대부분의 크리스천들은 기도하지 않은 죄에 대해서 그리 심각하게 생각하지 않고 있다. 만약 살인죄나 폭행죄를 지었다면 어쩔 줄 몰라 하며 벌벌 떨고 있을 것이다. 성경에는 없지만, 주일성수를 하지 않으면 두려움에 하늘을 바라보기조차 겁날 것이다. 그러나 기도하지 않는 죄에 대해서는 심드렁하고 있으니 기가 막힌 일이다. 왜 우리가 쉬지 말고 기도해야 하는가? 그 이유는 기도란, 종이 주인을 찾아와서 그분의 말을 듣고 교제하는 행위이기 때문이다. 그런데 종이 주인을 찾아오지도 않고 주인의 말을 들을 생각조차 하지 않는다면 괘씸하기 짝이 없는 종일 것이다.

　물론 다른 죄들도 하나님이 싫어하시지만, 하나님이 가장 미워하는 죄는 주인을 우습게 보고 경멸하는 죄이다. 그 죄가 바로 쉬지 않고 하나님을 찾아오지 않는 죄이다. 그러나 그게 전부가 아니다. 왜 우리가 쉬지 않고 기도해야 하는지 아는가? 바로 우리는 하나님의 뜻에 무지하며, 설령 하나님의 뜻을 알고 있다고 해도 하나님의 뜻대로 살 수 있는 능력이 없기 때문이다. 이는 성경을 읽는 이유와 마찬가지이다. 성경을 많이 읽고 연구하여 해박한 성경 지식을 가지고 있는 것과 성경대로 사는 것은 전혀 다르다. 우리가 성경을 읽는 이유는 성경 지식을 쌓아 두려는 것이 아니라 성경대로 살기 위해서이다. 그러므로 성경대로 살지 않는 사람은 아무리 성경 지식이 많더라도 하나님과 아무 상관이 없는 사람일 것이다. 이처럼 우리가 쉬지 않고 기도해야 하는 이유는 하나님의 뜻대로 살 수 없는 무능하고 무기력한 존재이기 때문이다. 그래서 성령께서 우리 안에 들어오셔서 하나님의 뜻대로 살 수 있는 능력을 주셔야 비로소 하나님의 백성이 될 수 있는 길이 열리기 때문이다. 결국 쉬지 않고 기도하는 목적은 하나님의 명령이기 이전에 하나님과 천국에서 영원히 행복하게 사는 필수적인 조건임을 잊지 말아야 한다. 그러나 안타깝게도 우리네 교회는 쉬지 않고 기도하지 않는 죄를 밥 먹듯이 짓고 있지만, 회개할 생각도 없고 돌이킬 생각도 없으니 기가 막히지 않는가? 결국 회개할 목록들은 차고 넘치는데, 죄에 대하여 무지하며 알려고도 하지 않으니 어떻게 회개를 하겠는가? 그래서 하나님을 만나는 첫째 관문인 죄를 철저하게 깨닫고 통곡하며 회개하는 기도부터 시작해야 할 것이다.

3

하나님을 만나는 기도는 훈련이 필요하다

———

예전에 필자의 친척에게 하나님을 만나는 기도를 하려면 훈련이 필요하다고 말씀드렸더니, 그분은 기도를 열심히 하면 되지 무슨 훈련이 필요하냐면서 펄쩍 뛰셨다. 그분은 평생 새벽기도를 빠지지 않고 다닌 것으로 내심 자신이 기도를 잘하고 있다고 생각하고 있던 터에, 필자가 기도훈련을 권유하자 그간 자신이 해 왔던 기도행위를 무시한다는 생각이 들면서 분노가 치밀어 올랐던 것이다. 훈련이라는 단어는 누가 가장 많이 쓰는가? 바로 군인들과 운동선수들일 것이다. 훈련이 되지 않은 군인들은 오합지졸일 것이며 훈련을 열심히 하지 않고 시합에 참가한 선수들은 좋은 성적을 기대하기 어려울 것이다. 그러므로 전투력이 탁월한 군인들을 양성하려면 힘든 훈련은 필수적일 것이며 각종 대회에서 좋은 성적을 거두려는 운동선수라면 훈련에 박차를 가하는 것은 당연한 일이다.

그런데 왜 우리네 교회는 기도훈련에 관심이 없는 것일까? 그 이유는 기도에 대해 무지하기 때문이 아닐까? 기도란 하나님과 깊고 친밀한 교제를 통해 성령의 사람이 되는 필수적인 통로이다. 그러므로 크리스천이라면 죄다 이 기도의 습관을 들여서 하나님을 만나 동행하는 사람이 되어야 할 것이다. 그러나 대부분의 크리스천들은 하루에 10분도 기도하지 않고 있으며, 규칙적으로 기도하는 이들도 교회의 새벽기도회에 나가서 10~20분 자신의 유익과 삶의 문제를 호소하다가 돌아오곤 한다. 중요한 것은 얼마나 열심히, 오랫동안 그리고 희생적으로 기도행위를 했느냐에 있지 않고, 기도의 응답과 더불어 열매를 맺고 있느냐이다. 그러나 기도응답이 없기 때문에 교회마다 기도 소리가 잦아들고 있다. 그러나 무엇이 문제인지 모른 채 교회 마당을 밟고 있는 이들이 대부분이다. 그 이유는 하나님이 명령하신 기도를 하지 않기 때문이며, 하나님이 원하시는 기도는 혹독한 훈련이 필요하기 때문이다. 그렇지만 교회지도자들도 기도훈련에 무지한데, 어떻게 교인들을 가르치고 훈련시키겠는가?

기도훈련의 목적은, 성경대로 기도하는 습관을 들이는 것이다

습관이라는 단어를 사전에서 찾아보면, 오랫동안 되풀이하여 몸에 익은 채로 굳어진 개인적 행동이라고 되어 있다. 그러므로 어린아이가 아니라면 어떤 습관이든지 습관이 들여졌을 것이다. 이런 습관은 기도에 대해서도 적용된다. 기도를 전혀 하지 않는 것도 습관이고, 식사 때 형식적인 기도를 하는 것도 습관이며, 새벽기도회에 성실하게 참석하는 것도 습관이다. 그러므로 좋은 습관이든지 나쁜 습관이든지 성인이라면 나름대로 기도 습관이 들여져 있는 것이다. 그렇다면 당신은 어떤 기도

습관을 들이기를 원하는가? 하나님을 만나서 동행하는 기도의 습관일 것이다. 그렇다면 당연히 훈련이 필요하지 않겠는가? 그렇다면 왜 이런 습관을 들이는 훈련이 필요한지 찬찬히 살펴보겠다.

　모든 행동은 생각을 통해서 시작된다. 기도행위 역시 생각을 통해 행동으로 옮겨지는 것이다. 그러나 사람들의 생각은 하나님의 뜻에 순종하여 하나님을 기쁘시게 하는 것이 아니라, 자신이 좋아하고 기뻐하는 일에 초점이 맞추어져 있다. 그래서 자신의 생각이 선하다고 믿는 게 위험한 일이다. 영혼의 창이 마음이고 마음의 창이 생각이다. 그러므로 생각이 선하고 옳다면 마음과 영혼에 그 증거가 있어야 한다. 그러나 문제는 성경에서 말하는 사람의 생각이다. 성경은 모든 만물보다 부패한 것이 사람들의 마음이라고 하였으며(렘 17:9), 사람들의 마음은 악이 가득하여 평생 미친 마음을 품고 살다가 죽게 된다고 서술하고 있다(전 9:3). 그렇다면 당신의 생각을 기준으로 옳고 틀림을 평가한다는 것이 얼마나 부질없는 일인가? 그러나 우리는 교회에 가서조차 이런 가르침을 듣지 못한다. 성경은 육체의 생각은 하나님의 원수가 되며(롬 8:7), 육체의 욕심과 마음이 원하는 대로 사는 것이 하나님의 진노의 대상이 된다고 하였다(엡 2:3). 그러나 사람들은 자신의 생각을 잣대로 옳고 그름을 재고 있으니 기이하고 섬뜩한 일이다. 자신의 생각이 아니라 성경에 기록된 하나님의 뜻대로 해야 하지 않겠는가? 그러나 결론은 자신의 생각대로 신앙생활을 하고 있으면서, 그게 하나님의 뜻이라고 착각하는 이들이 교회에 널려 있다는 사실이다. 사람이라면 누구나 자신이 싫어하는 일을 기피하는 것이 본능이기 때문에 힘든 훈련을 통해서라도 하나님의 뜻대로 사는 습관을 들여야 한다.

> 또한 그들이 마음에 하나님 두기를 싫어하매 하나님께서 그들을
> 그 상실한 마음대로 내버려 두사 합당하지 못한 일을 하게 하셨으
> 니(롬 1:28)

왜 사람들이 기도의 습관을 들이지 않는지 아는가? 위의 말씀은 그 이유를 명백하게 말해 주고 있다. 그러나 교회 마당을 밟고 있는 수많은 크리스천들은 자신이 실상 하나님을 마음에 두기 싫어한다는 사실을 모르고 있다. 누군가가 이런 말을 했다면 말도 안 된다며 손사래를 칠 것이다. 자신이 하나님을 사랑하고 좋아하기 때문에, 이렇게 교회예배에 출석하여 헌금을 드리며 찬송을 하면서 은혜를 받아 눈물을 흘리고 있지 않느냐는 것이다. 그러나 이 같은 잣대가 성경적이지 않다는 데 심각한 문제가 있다. 이것은 자신들이 옳다고 생각하는, 소위 이성적이고 합리적이고, 인본적인 잣대이다. 말하자면 종교주의자들의 생각인 셈이다. 예수님 당시의 바리새인과 서기관들을 보자. 이들은 성경을 통째로 암기하여 백성들에게 가르쳤고 모세를 통해서 하나님께서 명령하신 600여 가지가 넘는 율법의 조항들을 철저하게 지켰다.

그러나 그들은 성경의 주인이신 예수 그리스도를 증오하며 끝내 십자가에 못 박는 만행을 저질렀다. 그러면서 자신들의 행동이 하나님을 사랑하는 것이라고 소리를 질렀다. 그들은 자신들의 희생적인 종교행위

의 속내가 하나님을 진심으로 사랑해서가 아니라, 자신의 의를 드러내고 자기만족으로 삼는 종교적인 사람들이었기 때문이다. 이런 일이 우리네 교회에서도 재현되고 있다. 규칙적으로 교회 예배의식에 참석하고 십일조와 헌금을 드리며 각종 교회봉사를 하는 것이 하나님을 사랑하고 섬기는 것이라고 여긴다. 그러나 성경에서 이런 희생적인 신앙행위를 하라고 명령하고 있는가? 성경에는 교회의 예배의식에 참석하기 이전에 삶의 현장에서 하나님이 기뻐하시는 뜻을 행하는 것이 영적 예배라고 말하고 있다. 또한 십일조와 헌금은 자신의 재산과 수입은 죄다 하나님의 소유이므로 하나님의 것을 드리면서 마치 자신의 소유를 하나님께 드리는 양 착각하는 행위에 불과하며, 교회 조직을 유지하고 지탱하는 각종 봉사행위를 하기 이전에 성경에서 명령한 하나님의 뜻을 행하는 것이 먼저라고 말하고 있다.

그러나 우리네 교인들은 자신이 할 수 있는 것 중에서 하고 싶은 행위만을 하면서 자신들이 하나님을 기쁘시게 하고 있다고 착각하고 있으니 기가 막힌 일이다. 그들이 열정적으로 성실하게 예배의식에 참석하고 종교적인 행위들을 하는 이유는 결국 자기 의와 자기만족을 추구하려는 속내를 감추고 있다. 그래서 성경에 기록된 하나님의 뜻과 예수님의 명령에 침묵하며 외면하는 것이다. 말하자면 하나님을 마음에 두기 싫어하는 사악하고 완고한 마음을 종교행위로 포장하며 자기만족과 자기 의로 삼으며 교회 마당을 밟고 있다. 그래서 이러한 자기의 마음과 생각대로 살고 싶어 하는 완악한 마음을 꺾으려면 입에서 단내가 나는 훈련이 필요하다.

또한 우리네 교인들이 시행하는 종교적인 기도행위가 아니라 성경에서 명령하는 기도행위에 대해 살펴보자. 우리네 교회에서 시행하는 기도는 새벽기도, 작정기도, 금식기도 등이며, 기도의 내용도 교회지도자나 자신들의 유익 혹은 삶의 문제를 해결해 달라는 목록이 대부분이다. 그러나 성경에서 명령하는 기도의 방식은 전심으로 쉬지 않고 기도하는 방식이며, 기도의 내용은 주기도문이 대표적으로 하나님의 이름을 부르고 찬양하며 경배하고 자신의 죄를 고백하고 용서를 구하며 죄에서 벗어나고 악한 영들에게서 구해 달라는 내용이다. 우리네 교인들이 하는 새벽기도회의 모습이나 자신의 종교적인 결심을 자기 의로 삼는 작정기도, 금식기도 역시 성경의 본래적인 의도에서 벗어나 자신의 희생적인 종교행위를 드러내는 수단으로 삼는 기도행위일 뿐이다. 예수님은 골방에 들어가서 아무도 눈치채지 못하게 기도하라고 하지 않으셨는가? 그러나 굳이 교회에 나와서 담임목사와 다른 교인들의 눈도장을 찍으며 금식한 날수로 희생의 강도를 드러내는 기도행위를 하는 이유가 무엇인가? 이런 기도방식은 기복신앙을 받아들인 이성적이고 합리적이며 인본적인 종교행위에 불과하다. 그렇다면 성경에서 말하는 쉬지 않고 전심으로 기도하는 방식과 하나님이 기뻐하시는 기도의 내용을 채우는 기도를 하려면 자기 의와 자기만족의 기도를 내려놓아야 할 것이다. 그러나 이런 기도는 아무도 하고 싶어 하지 않기 때문에 자신을 꺾는 기도훈련이 필요하다. 생각해 보라. 하루에 10분도 기도하지 않는 사람들이 하루 종일 쉬지 않고 기도하는 게 어디 쉬운 일이겠는가? 이런 기도를 스스로 하는 사람들이 몇 명이나 있겠는가? 그래서 입에서 단내가 나는 훈련을 통해서 습관을 들여야 하는 것이다.

기도훈련은 하나님을 주인으로 모시는 훈련이다

모든 크리스천은 예수님이 자신의 주인이라고 고백하며 주님이라고 부르고 있다. 말하자면 자신은 그분의 종이라고 인정하고 그렇게 살기를 원한다. 말하자면 예수님을 주인으로 모시기로 작정하였기에, 영접기도를 한 이후부터는 예수님의 명령과 하나님의 뜻대로 순종하며 살아가야 한다. 예수님을 주인으로 영접한다는 것은 예수님이신 신랑과 결혼하기로 선언하였다는 뜻이다. 그렇지만 실제의 삶에서 다른 주인을 섬긴다면 법적으로는 예수님을 신랑으로 선포하였지만 실제로는 다른 남자와 불륜 행각을 벌이고 있는 셈이다. 그런 음란한 신부와 영원히 살 것을 기뻐하는 신랑은 없다. 그렇다면 신랑이자 주인이신 예수님의 뜻대로 살지 않는 모든 크리스천들은 죄다 간음을 행하는 음란한 신부로서, 심판 날에 벌거벗겨진 채 신랑에게 버림을 받고 지옥불에 던져질 것이다. 그래서 당신은 모든 생각이나 성품, 말과 행동이 오직 주인이자 신랑이신 예수 그리스도의 명령에 절대순종하며 살고 계신가? 솔직히 말해서 이미 죄성으로 변질된 우리의 자아는 아무리 입으로 예수 그리스도가 주인이라고 고백하고 있다고 할지라도, 속내는 자기 자신이 주인이라는 생각이 견고하게 자리잡고 있다.

성경은 우리의 마음이 만물보다 부패되었으며, 인간은 예외 없이 자기 마음과 생각대로 살고 싶어 하는 본성으로 인해 하나님의 징벌을 받게 되어 있다고 선포하고 있다. 말하자면 인간의 본성인 자아는 태어날 때부터 육체의 주인이 되어 예수님을 주인으로 섬길 수 없도록 이미 변질되어 있다는 의미이다. 그래서 예배의식에 열정적으로 참석하고 각종 희생적인 신앙행위를 열심히 하는 교인들도 그 목적과 속내와 동기가 하나님께 영광을 돌리고 감사해서가 아니라, 자기 의과 자기만족을 추구하는 종교적인 사람에서 벗어날 수가 없다.

그 대표적인 사람들이 바리새인과 서기관들이었다. 그들은 성경을 통째로 암송해서 백성들에게 가르쳤고 600가지가 넘는 율법의 조항들을 철저하게 지켰다. 그러나 그들은 예수님으로부터 독사의 새끼라는 저주를 들으며 지옥불에 던져졌다. 그들이 했던 율법의 행위들은 하나님이 명령하신 내용들이었는데도 말이다. 그러나 우리네 교인들이 하는 종교 행위들은 성경에도 없는 내용들이 아닌가? 물론 필자가 그런 행위가 비성경적이라고 말하는 것은 아니다. 하나님이 명령하신 내용이라고 할지라도 그 속내와 동기와 목적이 하나님께 영광을 돌리는 게 아니라 자기 의와 자기만족을 추구하는 것이라면, 입으로는 예수님을 주인으로 섬긴다고 말하지만, 여전히 자기 자신이 주인으로 사는 사람이라는 것이다. 그러나 자신은 이런 종교적인 사람이 아니라고 생각할 것이 뻔하다. 이 역시 성경의 잣대가 아니라 자신의 생각으로 재서 판단하고 있기 때문이다. 이것이 교인들이 교회 마당을 뻔질나게 드나들면서 파김치가 되도록 예배의식에 참석하고 교회봉사를 해도, 기도와 말씀으로 하나님을 찾아오기 싫어하는 이유이다. 그들 마음의 깊은 속내는 하나님을 만나기 싫어한다. 교회에 와서조차 기도하지 않는데 가정이나 직장에서 기도하겠는가? 그러나 자신들은 이를 인정하지 않는다. 새벽기도회에 나가고 작정기도를 하는 것으로 자신이 할 일은 다했다고 여긴다. 그게 하나님의 뜻이고 성경의 명령인가? 새벽기도회에 나가서 기도하는 내용조차 자신의 소원을 이루고 욕심을 채우며 삶의 문제를 해결하는 것이 아닌가? 그게 어디 하나님을 만나서 교제하는 기도인가?

이처럼 신앙의 연륜이 오래된 교인들조차 하나님을 만나기 싫어하여 하루에 10분도 기도하지 않으며, 교회지도자인 목사들역시 하루에 30분도 기도하지 않는 것이 우리가 마주한 차가운 현실이다. 이것이 훈련이 필요한 이유이다. 기도훈련은 자신의 생각과 고집을 꺾고 하나님의 뜻에 굴복하는 데 필수적인 과정이고 수단이다. 그러나 하나님과 교제하는 기도훈련을 하는 교회도 없고, 설령 그런 훈련을 한다고 해도 사람들이 기도훈련을 받기 싫어한다. 지금처럼 몸에 익숙한 종교행위와 신앙생활을 즐기면서 천국에 들어가고 싶어 하기에 말이다. 그러나 그런 일은 결코 없을 것이다. 예수님을 주인으로 모실 생각이 없는 사람들이 어떻게 천국에 들어가겠는가?

기도훈련은 제자가 되는 필수적인 과정이다

무릇 내게 오는 자가 자기 부모와 처자와 형제와 자매와 더욱이 자기 목숨까지 미워하지 아니하면 능히 내 제자가 되지 못하고 누구든지 자기 십자가를 지고 나를 따르지 않는 자도 능히 내 제자가 되지 못하리라 너희 중의 누가 망대를 세우고자 할진대 자기의 가진 것이 준공하기까지에 족할는지 먼저 앉아 그 비용을 계산하지 아니하겠느냐 그렇게 아니하여 그 기초만 쌓고 능히 이루지 못하면 보는 자가 다 비웃어 이르되 이 사람이 공사를 시작하고 능히 이루지 못하였다 하리라 또 어떤 임금이 다른 임금과 싸우러 갈 때에 먼저 앉아 일만 명으로써 저 이만 명을 거느리고 오는 자를 대적할 수 있을까 헤아리지 아니하겠느냐 만일 못할 터이면 그가 아직 멀리 있을 때에 사신을 보내어 화친을 청할지니라 이와 같이 너희 중의 누구든지 자기의 모든 소유를 버리지 아니하면 능히 내 제자가 되지 못하리라(눅 14:26~33)

우리네 교회는 제자라는 말을 좋아한다. 교회 명칭 앞에 제자라는 말을 붙이기도 하고, 교육프로그램의 이름으로 사용하기도 한다. 그래서 제자라는 이름이 붙은 교회에 다니면 제자가 되고, 제자훈련프로그램을 이수하면 제자가 되는가? 교회에 다니면 죄다 구원받은 성도라는 말을 즐겨 하지만 제자가 되라고 권면하기를 꺼려한다. 왜 그런지 아는가? 영접기도 행위를 하고 주일예배에 참석하면 구원받은 성도라는 호칭을 듣지만, 제자가 되려면 위의 예수님의 말씀에 순종하는 사람이 되어야 하기 때문이다. 예수님의 제자가 되는 조건은 자기부인이다. 즉 자기가 죽어야 한다. 자기가 원하는 삶을 포기해야 한다. 그 정도가 아니다. 심지어는 사랑하는 가족들도 하나님을 만나고 섬기는 것에 걸림돌이 되면 원수처럼 여겨야 한다. 말하자면 자신이 가지고 있는 모든 소유(재산을 말하는 것이 아니라, 가치관, 사고방식, 생활방식 등)를 내려놓아야 한다는 뜻이다.

예수님께서 비유를 들어 말씀하신 대로, 망대를 짓거나 전쟁을 할 때도 기존에 해 왔던 자신의 방식을 고수한다면 결코 제자가 될 수 없다. 그래서 교인들조차 제자라는 말을 사용하지 않는 것이다. 그렇다면 제자가 아니어도 괜찮은가? 제자가 되지 않고 성도라는 소리만 들어도 천국에 가는가? 성도라는 말은 거룩한 무리라는 뜻이다. 거룩하다는 것은 죄가 깨끗하게 씻음을 받아 죄가 하나도 없는 것을 말한다. 그렇다면 성경에 기록된 하나님의 뜻대로 살고 있어야 할 것이다. 하나님의 뜻대로 살지 않는 자들은 불법을 행하는 자들로 어둠에 버려질 것이라고 말씀하셨다. 당신의 힘과 노력으로 하나님의 뜻대로 사는 것은 불가능한 일이다. 성경 지식이 해박하다고 해도, 성경대로 사는 것은 별개의 개념인 것과 마찬가지이다. 결론적으로 제자가 되려면 자신이 기존에 옳다고 여겼던 모든 사고방식, 생활방식, 가치관 등을 쓰레기통에 버려야 한다. 그게 바로 예수님께서 나를 따라오려거든 자기를 부인하고 모든 소유까지도 과감하게 버려야 한다고 말씀하신 이유이다. 문제는 자신의 능력과 힘으로 이것은 넘사벽의 영역이라는 것이다. 이는 하나님만이 하실수 있는 영역이기 때문이다. 즉 하나님께서 당신 안에 들어오셔서 전지전능한 능력으로 대신해 주신다면 가능하다. 그러면 하나님이 당신 안에 들어오시도록 초대하면 된다는 의미인 셈이다. 그것이 바로 예수 그리스도 안에 있는 삶이다.

그러므로 이제 그리스도 예수 안에 있는 자에게는 결코 정죄함이 없나니 이는 그리스도 예수 안에 있는 생명의 성령의 법이 죄와 사망의 법에서 너를 해방하였음이라(롬 8:1)

당신은 교회에 다니면서 '예수님 안에' 혹은 '하나님 안에'라는 말은 많이 들어 보았을 것이다. 예수님이나 하나님은 성경말씀을 근거로 믿으면 된다. 말하자면 관념적이고 사변적인 성경의 이해로 가능하다는 뜻이다. 그러나 '성령 안에'라는 말은 사용하기에 왠지 불편하다. 왜 그런지 아는가? 성령은 기적과 이적으로 드러내시는 증거와 변화, 능력과 열매가 있어야 하기 때문이다. 그러나 삼위일체의 하나님은 동일하신 분이 아닌가? 성부 하나님과 성자 예수님 그리고 성령 하나님은 각기 다른 위격이지만 본성은 동일하신 분이다. 그래서 성령은 하나님의 영과 예수 그리스도의 영과 동일한 단어이다. 그렇다면 '하나님 안에', '예수님 안에'와 '성령 안에'는 동일한 말인 셈이다. 그러나 하나님 안에 혹은 예수님 안에 있다고 생각하는 것은 쉬운데, 성령 안에 있다고 여기는 것은 어렵고 불편하다면 그 이유가 무엇인가? 기적과 이적으로 드러내는 성령의 능력이 없는데도, 자신이 성령 안에 있다고 믿기 어렵기 때문이다. 이처럼 우리네 교회의 교단교리는 언어유희인 경우가 허다하다. 다시 처음으로 돌아가서, 당신이 예수 그리스도의 제자가 되려면 예수 그리스도의 영이자 성령이 안에 들어오셔서 거주하시는, 예수 안에 있는 사람이 되어야 한다. 그것이 하나님을 부르는 기도훈련을 해야 하는 이유이다. 하나님은 쉬지 않고 자신의 이름을 부르며, 그 마음이 전심으로 자신을 향해 있는 사람에게 찾아오시기 때문이다.

기도훈련은 자기(자아)를 죽이는 훈련이다

　예수님은 제자의 첫째 조건으로 자기부인을 명령하셨다. 또한 사도 바울도 자신이 십자가에서 예수님과 함께 못 박혔으므로, 이제는 자신을 위해서 사는 것이 아니라 예수 그리스도를 믿는 믿음으로 사는 것이라고 고백하였다. 다른 성경에서는 날마다 죽는다는 선언을 했다. 이렇게 자신을 죽이고 예수 그리스도를 위해 사는 것이 예수님의 명령이자 하나님의 뜻임을 모르는 크리스천은 없다. 그러나 교회에서는 죽는 방법을 가르쳐 주지도 않으며, 날마다 자신이 죽는 삶을 사는 이들도 없다. 이런 표현은 그냥 신앙생활 열심히 하고 교회를 잘 다니는 것이라는 말로 덮어두고 있다. 그래서 말인데, 교회 예배의식에 참석하고 교회봉사하는 정도라면 굳이 죽는다는 격한 표현을 쓸 필요가 있을까? 죽는다는 말은 자기 생각과 뜻대로 사는 것을 접고, 오직 예수님의 명령과 하나님의 뜻대로 사는 것인데, 그것이 목사 말 잘 듣고 교회를 열심히 다니는 것인가?

　아시다시피 자신이 죽는다는 것은, 하나님의 뜻에 순종하기 위해 어떤 고난과 핍박도 감내하고, 어떤 손해와 불이익을 당하더라도 받아들이고 참고 견디는 것을 말한다. 그게 겨우 예배의식 참석, 교회봉사 같은 종교행위를 열심히 하는 것이라고? 지나가던 개가 배꼽을 잡고 웃을 일이다. 그러나 죽고 싶어 하는 사람들이 아예 없는 것은 아니다. 문제는 죽어지지 않는다는 것이다. 자살로 육체의 죽음을 실천하는 사람은 있어도, 육체가 살아 있으면서 자신의 뜻을 완전히 포기하고 오직 하나님의 뜻대로 살아가면서 죽는 모습을 보이는 사람은 없다. 이는 불가능하기 때문이다. 사람은 태어나서 자아가 형성되면서 자기 생각, 자기 뜻, 고집 등이 본능적으로 생겨난다. 이 본성이 바로 죄의 원천이다. 성경은 이를 육체와 마음이 원하는 대로 살아가는 본질상 진노의 자녀(엡 2:3)라고 표현하고 있다. 이때 '본질상'이라고 해석한 헬라어는 '퓨세이'는 영어로 'by nature'라는 뜻으로 '본성'이라는 의미이다. 즉 육체와 마음이 원하는 대로 살아가는 본성인 자아가 바로 하나님의 진노를 일으키는 죄악이다. 그러므로 본성인 자아를 인위적인 의지나 노력으로 죽이는 것은 불가능하다. 결론부터 말하자면 이는 성령께서 우리에게 들어오셔서 우리의 자아를 죽일 수 있는 능력을 주셔야 가능하다. 그러므로 성령이 들어오시는 수단인 쉬지 않고 전심으로 기도하는 훈련을 해야 하는 것이다.

성경은 쉬지 않고 기도하는 것이 예수 그리스도 안에서 우리를 향하신 하나님의 뜻이라고 선포하였고, 예수님도 종말이 가까울수록 깨어서 항상 기도하라고 명령하셨다. 사무엘은 기도를 쉬는 것이 죄라고 콕 집어서 말하기도 했다. 그러니 당신은 성경의 명령대로 쉬지 않고 기도해야 할 것이다. 그래서 당신은 그렇게 기도하고 있는가? 새벽기도회에 나가서 10여 분 기도하는 것도 어려워서 대부분의 교인들에게는 언감생심이다. 그런데 쉬지 않고 기도한다는 것을 누가 시도조차 해 보겠는가? 결론부터 말하자면 쉬지 않고 기도하는 것은 자기가 죽어야 가능하다. 그래서 쉬지 않는 기도를 통해 자기를 죽이는 훈련을 해야 하는 것이다. 필자가 이 기도를 한 지 10년이 훌쩍 넘었을 때, 필자는 아내에게 누가 이 기도를 따라 하겠느냐고 푸념하곤 했다. 필자가 10년이 넘게 이 기도를 한 것도 기가 막히는 일인데, 누구도 이 기도를 따라 할 시도조차 하지 못할 것이라는 생각에서였다. 그런데 아내가 이 기도를 하겠다고 말했다. 아내는 10년이 넘는 세월 동안 필자가 이 기도를 하는 것을 가까이서 지켜보았기에, 이 기도가 어떤 기도인지 잘 알고 있었다. 그런데 아내가 이 기도를 하겠다고 하자 필자의 눈이 휘둥그레졌다. 아내는 기도를 시작하고 며칠 되지 않아서 몸살이 나 몹시 고생했다. 그렇게 아내는 필자의 첫 번째 제자가 되었다.

이처럼 쉬지 않고 기도하는 것은 자신의 삶과 욕망을 내려놓아야 가능하다. 그래서 숨이 턱턱 막히는 혹독한 훈련이 필요한 것이다. 쉬지 않는 기도는 성령께서 힘을 주시고 도와주셔야 한다. 성령께서 도와주시는 이는 삶의 현장에서 하루 종일 쉬지 않고 기도하려고 애쓰고 노력하는 자이다. 여호와의 눈은 온 땅을 두루 감찰하사 전심으로 자기에게 향하는 자들을 위하여 능력을 베푸신다고 선포하셨다(대하 16:9). 즉 쉬지 않고 기도하는 태도는 전심으로 하나님을 찾아오는 것이다. 하나님은 이런 사람들에게 찾아오셔서 능력을 베풀어 주어 쉬지 않고 전심으로 기도할 수 있는 힘을 주시는 것이다. 그러니 이런 기도를 시작하는 사람은 자기가 죽을 각오를 해야 함은 물론이다.

기도훈련의 구체적인 내용이 무엇인가?

그렇다면 구체적인 기도훈련의 내용이 무엇인지 궁금하실 것이다. 먼저 쉬지 않고 기도하는 훈련을 하는 것이다. 신앙의 연륜이 오래되고 교회 직분이 드높은 사람들도 쉬지 말고 기도하라는 성경의 명령을 그림의 떡처럼 여기고 있다. 쉬지 않고 기도하는 것이 예수님의 뜻이라고 콕 집어서 말해도, 이 말에 순종할 생각이 없다. 새벽기도회에 가서 10~20분 기도하거나, 그도 아니라면 1년에 한 번 교회에서 시행하는 특별새벽기도회 기간에 기도하는 것으로 때우고 있다. 더러는 삶의 문제가 생기면 작정기도를 하는 이도 있다. 그러나 그것이 쉬지 않고 기도하는 것이라고 볼 수는 없을 것이다. 쉬지 않고 기도하는 것은 자신의 삶을 내려놓고 하루 종일 틈나는 대로 기도하는 것을 말한다. 그러나 이런 기도는 교회에서 가르쳐 주지도 않으며, 주변에 아무도 이런 기도를 하는 사람이 없기에 무척이나 낯설다.

말하자면 쉬지 않고 기도하려면 기도를 삶의 최우선순위에 두고 하루 종일 틈나는 대로 기도해야 한다. 왜 그렇게 해야 하는지 아는가? 그게 하나님의 명령이기 때문이다. 과거에 신앙고백한 대로, 하나님은 우리의 주인이시다. 그 주인은 자신이 만든 피조물이 자신의 뜻에 절대복종하기를 기대하고 있을 것이며, 그중의 하나가 바로 쉬지 않고 자신을 찾아오는 것이다. 그래서 주인의 명령대로 쉬지 않고 하나님의 이름을 부르며 그분을 찾아가는 것이 피조물이자 종의 의무이다. 그러나 죄성으로 변질된 우리의 마음과 생각은 기도하는 게 싫고 하나님을 만나고 싶어 하지 않다. 그래서 자신의 생각과 고집을 꺾고 하나님의 명령에 순종하는 가장 기본적인 훈련이 바로 쉬지 않고 하나님의 이름을 부르는 기도인 셈이다. 그러나 필자의 이런 주장에 보이는 반응이 무엇인지 아는가? "꼭 그래야 되는가?"라는 것과 "밥도 안 먹고 잠도 안 자고, 어떻게 그렇게 기도할 수 있는가?"라는 반응이다.

그렇다면 먼저, "꼭 그래야 되는가?"라는 반응의 저의에 대해 살펴보

자. 그런 생각의 속내는 꼭 그렇게 하지 않아도 구원받는 것에 문제가 없다는 투이며, 하나님의 명령에 순복하고 싶지 않다는 불순종의 속내를 드러내고 있다. 그렇다면 성경 곳곳에서 하나님의 뜻대로 살지 않으면 어둠에 버릴 것이라는 경고를 할 필요가 있었겠는가? 우리네 교회는 자의적으로 해석한 교단신학자의 주장을 성경보다 우의에 두고 있다. 그래서 성경에서 무어라고 명령하든지 간에, 교단신학자들이 주장한 교단교리를 따르고 있다. 기가 막힌 일이다. 두 번째는 "밥도 먹지 않고 잠도 자지 않고 기도해야 하는가?"라며 볼멘소리를 하는 경우이다. '쉬지 말고'라고 번역한 헬라어는 '아디아레이프토스'(ἀδιάλειπτος)라는 단어인데 '끊임없이'라는 의미이다. 끊임없이 기도하는 모습을 상상하는 게 어렵지 않다. 그러나 "굳이 밥도 안 먹고, 잠도 안 자면서 기도해야 하는가?"라는 반응은 성경의 명령에 대한 불편한 마음과 거스름의 발로인 셈이다. 끊임없이 기도하라는 말은, 기도를 삶의 최우선순위에 두고 틈나는 대로 기도하라는 뜻임을 모르지 않을 것이다. 그러나 기도를 하기 싫어하는 마음에 불평을 내뱉고 불편한 마음을 드러내는 것이다. 이 역시 하나님의 명령을 지키기 싫어하는 악한 종의 모습이다. 그래서 쉬지 않는 기도는 자신의 뜻을 꺾고 자기를 죽이는 훈련인 셈이다.

두 번째는 죄와 싸우는 훈련이다. 하나님이 만나 주시는 사람은 누구인가? 하나님이 기뻐하시는 것을 하려고 애쓰고, 하나님이 싫어하시는 것을 멀리하고 싸우는 사람이다. 교회 마당을 밟고 있는 크리스천 중에서 기도하지 않은 사람은 단 한 명도 없을 것이다. 그런데 왜 지금은 기도를 잊어버렸을까? 그 이유는 기도응답이 없었기 때문이다. 아무리 기도를 해도 응답이 없으니까 실망해서 기도를 중단하게 되었을 것이다. 그렇다면 하나님이 응답해 주시지 않는 이유가 무엇인가? 이유는 여러 가지가 있겠지만, 모든 사람에게 동일하게 적용되는 이유는 하나님이 기뻐하시는 사람이 아니기 때문이다. 즉 하나님이 기뻐하는 뜻에 순종할 생각도 없고 하나님이 싫어하는 것을 버리지도 않은 채, 문제가 생기면 그때서야 하나님을 찾아와서 읍소하는 사람들을 좋게 여기실 리가 없다. 죄란 하나님이 싫어하는 모든 생각과 성품, 말과 행동을 아우르는 단어이다. 그러므로 하나님이 싫어하시는 죄와 싸우고 버리지 않는 사람들을 만나 주실 리가 만무하다. 그러나 안타깝게도 우리네 교회에서는 죄에 대해서 가르치고 죄와 싸우는 훈련을 하지 않는다. 그러면서 종교적인 행사로 기도행위를 하고 있으니 기가 막히지 않은가? 어쨌든 죄와 싸워서 버리지 않는다면 하나님과 동행하는 하나님의 사람이 될 수 없는 것은 분명하다. 그러나 이는 쉽지 않은 노릇이다. 근원적인 죄의 바탕은 죄성으로 변질된 자아에 있기 때문이다. 즉 자기가 원하는 삶을 추구하며 자기 마음대로 사는 것이 죄이다. 그러므로 자신이 원하는 삶, 육체가 추구하는 삶이 바로 죄인 셈이다. 이 죄와 싸워 이기기 위해서는 자신의 욕망을 죽이며 자기를 부인해야 하는 것이다. 그러나 스스로 자아를 부정하며 자기를 죽이려는 사람이 어디 있겠는가? 그래서 입에서 단내가 나는 훈련을 통해서 육체가 죽고 영으로 다시 태어나야 한다. 즉 육체의 사람에서 성령의 사람이 되려면 죄와 싸워 이기는 과정을 거쳐야 하는 것이다. 기도훈련은 기도의 습관을 들이는 데 그치지 않고, 하나님이 기뻐하는 것에 순종하며 하나님이 싫어하시는 죄와 싸워 이기는 훈련인 셈이다.

4

어떻게 기도해야 하는가?

　수능을 앞둔 고등학생들이 부모와 선생님으로부터 가장 많이 듣는 얘기는 무엇인가? 열심히 공부하라는 것일 게다. 그러나 열심히 공부를 해야 한다는 걸 모르는 학생은 없다. 그들도 열심히 공부해야 한다는 것을 잘 알고 있지만, 그게 그리 만만치 않을 것이다. 열심히 공부해도 성적이 오르지 않자 제풀에 지쳐서 열심히 하는 모양만 내는 학생들이 부지기수이다. 학생들이 정작 듣고 싶어 하는 얘기는 그런 투의 말이 아니라, 어떻게 공부하면 성적이 확 오르는지 그 비결일 것이다. 이런 일이 학교에서만 있는 게 아니라 우리네 교회에도 빈번하다.

　기도에 대한 얘기이다. 기도를 열심히 해야 한다는 걸 모르는 크리스천은 없다. 그러나 열심히 기도하는 이들이 별로 없다는 게 기이할 정도이다. 왜 그런지 아는가? 그들도 한때는 열심히 기도해 보았을 것이다. 그러나 아무런 응답도 받지 못하자 슬그머니 기도 자리에서 일어난 것이다. 그렇다면 우리네 교회에서 기도하는 모습으로 제시하는 내용이 무엇인가? 새벽기도에 나오고 작정기도를 하고, 기도원에 올라가서 금식을 선포하며 기도하는 모습일 것이다. 그래서 말인데, 그게 그동안 효험이 있었는가? 만약 그랬다면 교회의 새벽기도회 시간이 사람들로 북적이고 있을 것이고, 기도원마다 사람들로 인산인해를 이루고 있을 것이다. 그러나 거꾸로 그 많던 기도원은 죄다 문을 닫았고, 몇 개 남지 않은 기도원도 파리를 날리고 있는 중이다. 말하자면 열심을 내고 희생의 강도를 더해서 기도하는 방식은 하나님의 관심을 얻는 데 실패했다는 증거일 뿐이다. 그렇다면 무엇이 문제인가? 어떻게 기도해야 하나님의 관심을 얻을 수 있을까?

하나님의 응답을 얻는 기도방법을 제시하고 기도훈련을 시키는 우리네 교회는 거의 없다. 왜 그런지 아는가? 목회자 역시 그 방법을 모르기 때문이다. 그래서 신학교에서 얼마나 많은 신학 공부를 했는지에 상관없이, 자신이 교회 다니면서 보고 배운 기도방식을 반복하고 있을 뿐이다. 그렇다면 어떻게 기도해야 하느냐고? 그래서 이제부터 그 얘기를 나누어 보자.

당신의 기준이 아니라 하나님의 기준에 맞추라

서울대학교 입학을 목표로 삼고 열심히 공부한 2명의 학생이 있다. 2명 다 최소한의 취침시간을 제외하고 하루 종일 열심히 공부했다. 그 결과 1명은 합격을 했고, 다른 1명은 실패를 했다. 그 이유가 무엇일까? 합격에 실패한 학생이 열심히 공부하지 않아서 떨어졌을까? 아니다. 그는 열심히 공부했을 것이다. 그러나 실패한 이유는 서울대학교에 입학할 정도의 성적이 아니었다는 것이다. 만약 열심히 공부하는 것이 기준이라면, 2명 다 합격했어야 한다. 그러나 그 기준은 자신이 열심히 공부했다는 것이 아니라, 서울대학교에서 설정한 기준에 들어야 한다. 그러나우리네 교회는 이런 기본적인 사실조차 무시하고 기도하고 있으니 기가막힌 일이다. 그래서 우리네 교인들이 하는 기도의 모습이나 내용이 하나님의 기준인가 자신의 기준인가? 죄다 자신들의 기준이고 교회에서정해 주는 것이지, 성경에서 밝힌 하나님의 뜻과는 상관이 없다.

우리네 교회에서는 희생의 강도를 더해서 새벽 시간에 교회에 나와서기도한다든가, 아니면 기도원에 올라가서 금식을 선포하고 기도하면 하나님께서 응답을 내려 주실 거라고 가르치고 있다. 그러나 그러한 얘기는 성경에 없다. 성경에는 장소와 시간에 상관없이 전심으로 기도하라고 명령하고 있다. 희생의 강도를 더해서 전심으로 기도한다고 할지라도, 하나님이 싫어하시는 죄를 버리지 않으면 응답하지 않을 것이라고도 말씀하셨다. 그러나 우리네 교회에 그런 얘기는 없다. 그냥 열심히,희생의 강도를 더해서 하나님께 졸라대면 된다고 가르친다. 그런 방식은 하나님의 기준을 무시하는 가증스러운 발상이다. 기도의 대상이 누구인가? 우리를 지옥에 던져 넣으실 수 있는 두려운 하나님이 아닌가?그렇다면 그분의 뜻에 합당한 기도방식과 기도내용으로 기도해야 하는게 당연하지 않겠는가?

그렇다면 우리네 교인들이 열거하는 기도의 내용은 무엇인가? 나라와민족을 위한 기도는 그래도 좀 보기에 낫다. 전도를 앞세우며 담임목사를 위한 목회성공의 속내를 감춘 교인 숫자의 증가나 교회 신축, 수련원

부지를 위한 헌금 확보 등의 교회에서 내세우는 기도목록을 제외하고는 죄다 자신과 가족들의 성공과 축복, 부유한 삶, 고질병의 치유, 삶의 문제해결 등이다. 그 어디에도 하나님의 뜻은 없다. 그냥 목회자와 교인들의 개인적인 욕심이나 소원을 이루는 것이 전부이다. 이렇게 우리네 교회에서는 하나님의 기준을 무시하고, 죄다 자신들의 기준에 맞는 기도를 하고 있다. 그렇다면 하나님의 기준이 무엇이냐고? 하나님이 원하는 대표적인 기준의 기도가 바로 예수님께서 가르쳐 주신 주기도문이다. 그러나 날마다 주기도문을 곱씹으며 깊게 묵상하고 삶에 적용하는 지혜를 구하는 기도를 하는 이들이 몇 명이나 되는가? 우리네 교회에서 사용하는 주기도문은 예배나 집회의 마침을 알리는 종소리에 불과하니 기가막힌 일이다. 그러니 하나님이 그런 기도에 관심이나 갖겠는가?

사실 기도하는 것뿐만 아니라, 삶의 목적이나 생활방식, 사고방식도 하나님의 기준인 하나님의 뜻에 맞추어야 한다. 그러나 우리는 교회를 처음 나갈 때부터 하나님의 뜻이 아니라, 세속적인 축복이나 삶의 문제해결, 건강의 회복 등 자신의 소원을 이루고 욕심을 채우려고 교회에 나갔으며, 신앙생활을 하면서도 성경을 배우고 하나님의 뜻을 알게 되었으면서도 자신의 생각을 바꾸려 하지 않는 사람들이 허다하다. 이들은 예배의식에 참석하여 십일조와 헌금을 드리고 교회봉사 등의 희생의 강도를 더하면 하나님으로부터 축복이나 기도응답이 신속하게 내려올 것이라는 기복신앙을 성경적인 신앙방식으로 착각하고 있다.

기복신앙이란 우리네 조상 때부터 받드는 신앙방식으로 희생의 강도를 더하여서 축복을 빌면 조상신이나 무속적인 신이 축복해 주고 소원을 들어준다는 민간신앙이다. 그래서 백일기도보다 천일기도가 더 효험 있고, 엄청난 돈을 들여 제물을 차린 굿이 더욱 치성을 드린 제사라고 여긴다. 말하자면 제사를 드리는 사람들의 성품이나 삶의 자세 따위는 전혀 상관이 없다. 그러나 이런 신앙방식은 성경적이 아니다. 하나님은 많은 짐승을 죽여 제물을 드린다고 할지라도, 하나님의 뜻대로 살지 않는 백성들의 기도를 듣지 않으시겠다고 선포하셨다. 그러나 안타깝게도, 우리네 교회는 귀신들을 섬기는 무속신앙을 교회에 들여와서 번영신학과 기복신앙을 성경적인 하나님의 뜻으로 변질시켜 가르치고 있으니 기가 막힌 일이다. 그러므로 신앙방식뿐 아니라 기도에 있어서도 자신의 기준이 아니라 하나님의 기준에 맞추어서 순종해야 한다.

하나님이 싫어하는 기도는 이제 그만해라

아내가 남편에게 하는 말 중에 잔소리로 들리는 말이 적지 않다. 잔소리란 사실 여부를 떠나 상대방이 듣고 싶지 않은 말이 될 때 쓰는 단어이다. 그렇다면 우리가 기도하는 내용을 하나님이 듣기 싫어하신다면 잔소리로 여겨질 것이다. 부부간에도 잔소리가 되면 관계가 악화될 것이 불 보듯 뻔한데, 우리의 기도가 하나님 귀에 잔소리로 들린다면 보통 일이 아닐 것이다. 사람들의 대화처럼 상대방의 반응이 금방 인지되지 않기에 하나님이 싫어하시는 기도인데도 고장 난 레코드처럼 반복하는 이들이 적지 않다. 하나님이 듣지 않으시는 기도의 증거는 응답이 없는 것이다. 아마 대다수 우리네 교인들의 기도가 그렇지 않을까? 기도시간이 즐겁지 않고 기도할 때 깊고 친밀한 교감도 없으며 기도의 응답도 없는 기도가 바로 그렇다. 그러나 종교적인 행사나 의무적인 신앙행위로 기도시간을 채우는 사람들은 하나님의 반응이 중요하지 않다. 자기 의나 자기만족 그리고 목회자나 다른 교인들의 시선이 중요할 뿐이다. 기가 막힌 일이다.

그렇다면 하나님이 싫어하시는 기도는 무엇일까? 성경에서 가장 먼저 언급하는 것이 죄다. 이사야 선지자는 "너희의 죄악이 너희와 너희 하나님 사이를 갈라놓았고 너희 죄가 그의 얼굴을 가리어서 너희에게서 듣지 않으시게 함이다"(사 59:2)라고 콕 집어서 말하고 있다. 그렇다면 하나님이 싫어하시는 죄를 밥 먹듯이 짓고 있으면서 싸우거나 회개할 생각도 없이 기도 자리에 앉는다는 것은 아무 소용이 없는 일이라는 말이다. 이 같은 말씀이 이사야의 첫 장에서도 나온다. 하나님은 이스라엘 백성들이 범죄한 나라요 허물진 백성이요 행악의 종자요 행위가 부패한 자식이라고 선포하시며, 그들의 제사와 제물과 성회로 찾아오는 것은 하나님께 무거운 짐이요 성회와 더불어 악을 행하는 것을 견디지 못하겠노라고 선언하신다. 그래서 손을 펼 때에 눈을 가릴 것이며 기도할지라도 듣지 않으시겠다고 결심하신다(사 1:4~15). 결국 하나님께서 듣지 않으시는 기도나 싫어하는 기도를 아는 것은 어렵지 않다. 희생적인 기도행위를 열정적으로 하지 않은 것이 아니라, 평소에 하나님이 싫어하는 죄를 끊어 내지 않으면서 기도하는 행위를 반복하는 것이다. 그러므로 기도하기 이전에 죄와 피 터지게 싸워서 이를 끊어 내지 않는다면 아무리 희생적인 기도를 열정적으로 할지라도 소용없는 일이 될 것이다.

또한 하나님은 어떤 기도를 싫어하시는가? 잠언에 이런 말씀이 있다. "거머리에게는 두 딸이 있어 다오 다오 하느니라"(잠 30:15) 거머리는 사람이나 물고기에게 붙어서 피를 빠는 흡혈동물이다. 그렇다면 거머리가 상징하는 것은 악한 영을 뜻하는 것일 것이다. 거머리에게 두 딸이 있는데, 그 딸들은 입만 열면 달라고 집요하게 요청한다고 말하고 있다. 그 딸들이 요구하는 내용은 자신의 탐욕을 채우는 것이 틀림없다. 그렇다면 자신의 욕구를 채우기 위해 수단과 방법을 가리지 않고 집요하게 달라붙어서 요청하는 기도는 악한 영의 방식인 셈이다. 그러나 기이하게도, 우리네 교인들의 기도방식이 이와 유사하다. 우리네 교회에서는 하나님으로부터 자신이 원하는 것을 얻어 내는 수단으로 기도를 가르치고 있다. 그래서 사람들은 기도 자리에 앉자마자 자신이나 가족의 세속적인 축복, 성공, 부유함, 병 고침 등의 요구사항을 쏟아붓고 있다. 그래서 응답이 내려오지 않으면 작정기도를 하고 헌금봉투를 드리거나, 기도원에 짐 싸고 올라가서 금식을 선포하면서 하나님의 목을 옥죄고 있다. 기도의 내용이 하나님이 기뻐하는 뜻인지 아닌지는 상관이 없다. 죄다 자신의 원하는 내용만을 주구장창 열거할 뿐이다. 이런 기도의 모습이 바로 거머리의 딸이 하는 기도이다. 자신의 탐욕을 채우고 소원을 이루기 위해 하나님을 마구 졸라대는 모습이 닮아 있다. 그러나 자신들은 정작 무엇이 잘못된 기도인지 인지하지 못한다. 그래서 아무리 새벽기도회에 나가서 울며불며 기도해도 응답이 없는 것이다. 기도는 하나님과 깊고 친밀하게 교제하는 영적인 통로이다. 그래서 하나님의 이름을 부르며 감사하고 찬양하며 경배하는 기도로 하나님을 기쁘시게 해야 한다. 또한 죄를 낱낱이 고백하며 회개하고 간구하는 내용도 하나님의 뜻에 합당해야 하지 않겠는가? 그러나 하나님이 기뻐하시는 내용에는 아랑곳없이 오직 자신의 욕구를 채우려는 탐욕스러운 기도에 하나님이 관심이나 갖겠는가? 그래서 하나님이 싫어하는 기도를 하려면 차라리 기도를 하지 않는 것이 나을 것이다.

　세 번째로 하나님이 싫어하시는 기도는 자기 의를 앞세우거나 자기자랑, 자기만족의 기도이다. 이런 기도는 신앙의 연륜이 오래되었거나 교회 직분이 높은 사람, 또는 희생적인 신앙행위를 많이 한 종교적인 사람들에게서 발견된다. 이들은 그동안 자신들에게 베풀어 주신 하나님의 은혜에 감사한다고 말은 하지만, 그 속내나 동기는 그동안 자신들이 행한 희생적인 신앙행위에 대한 자부심과 자기자랑, 자기만족이 들어차 있다. 특히 희생적인 신앙행위를 많이 한 사람들에게서 많이 발견된다. 이들은 평생 새벽기도를 빼먹지 않고 다닌 것, 기도원에서 금식기도한 횟수나 날짜를 그들의 훈장처럼 여기기 일쑤이다. 심지어 필자는 '40일 금식기도 3회 실시'라는 내용을 명함에 적어 놓은 사람도 보았다. 물론 대부분의 사람들은 겉으로 자신들의 속내를 드러내지 않을 것이다. 그러나 그간의 희생적인 신앙행위를 목회자나 다른 교인들이 인정해 주지 않아 슬그머니 부아가 올라온다면 필시 이런 부류의 사람에 들어갈 것이다. 또한 작정기도하거나 금식기도 한 결과가 없어 하나님을 원망하거나 불평하는 마음을 받아들이는 사람들도 은근히 희생적인 기도행위에 대한 자기 의를 내세우고 있다고 보면 된다. 이런 태도는 하나님이 아주 싫어하는 모습이 아닐 수 없다.

네 번째는 형식적이거나 의무적으로 기도하는 사람이다. 평소에 규칙적으로 기도하지 않는 사람들도 식사하기에 앞서 감사기도를 하는 모습을 많이 볼 수 있다. 하나님이 베풀어 주신 음식에 감사하며 기도하는 모습은 아름다운 일이다. 그러나 대부분의 사람들은 기독교인의 관행이나 형식적인 습관으로 기도하는 일이 다반사이다. 늘 해 왔기에 안 하면 찝찝해서 하기도 하고, 다른 사람의 눈을 의식해서 기도하기도 한다. 새벽기도회에 다니는 사람들의 상당수가 그렇다. 기도하는 시간도 10~20분을 넘기지 않으며, 기도의 목록도 자신의 욕구를 채우는 내용에 불과하지만, 그 힘든 새벽기도회에 습관을 들여 나와서 열심히 기도하는 사람으로 인정받고 싶어 한다. 그러나 하나님은 기도하는 시간이나 기도방식이 아니라, 기도하는 사람의 마음을 불꽃 같은 눈동자로 지켜보고 계시다. 그러므로 형식적으로, 의무적으로 기도한다면 시간 낭비가 될 뿐이다.

마지막으로 자의적인 방언기도이다. 새벽기도회에서 기도하는 사람들이나 뜨거운 분위기의 집회에서 통성기도 시간이면 큰 소리로 방언기도하는 사람들을 볼 수 있다. 우리네 교회에서는 방언이 성령이 임재하시는 증거로 여기기 때문에, 방언을 하려고 무진 애를 쓰고 심지어는 연습을 하거나 훈련을 시키기도 한다. 방언이란 외국어란 뜻이다. 사도행전에서 말하는 방언은 죄다 외국어였다. 그러나 일부 신학자들이 바울이 말한 방언을 천사방언이라는 수식어를 붙여서, 일정한 음절을 무한반복하는 것조차 성령이 주시는 방언이라고 주장하고 있으며 대부분의 교인들이 이를 받아들이고 있다.

그러나 성령이 주시는 방언이라면 자신이 시작하고 끝낼 수 있겠는가? 오직 성령께서 강권적이고 주권적으로 이끄셔야 하지 않겠는가? 백 번 양보해서 그 방언이 성령이 주시는 방언이라면, 이적과 기적으로 드러내시는 성령의 능력으로 귀신을 쫓아내고 귀신들이 일으킨 정신질환이나 고질병을 치유해야 하지 않겠는가? 또한 거룩한 성품의 변화나 삶과 사역에 성령이 함께하시는 증거나 열매도 없는데, 오직 방언기도를 한다고 성령의 사람이 되었다고 주장하는 것은 문제가 있다. 성경에서 말하는 방언의 목적은 하나님을 모르는 이방 사람들에게 그 나라의 말을 하므로 전능하신 하나님의 존재를 드러내시기 위함이었지, 기도의 목적으로 사용한 것도 아니지 않은가? 그러나 기가 막히게도 우리네 교회에서는 방언기도가 기도를 오래하기 위한 방편이나, 다른 사람에게 자신의 영적 위상을 드러내는 수단으로 사용되고 있으니 기가 막힌 일이다. 그렇다면 성령이 주시는 방언을 유창하게 하고 있는데, 왜 기도응답이 없으며 성령의 능력이 없는지 고민해 봐야 하지 않겠는가? 결론적으로 이런 기도는 하나님이 싫어하시는 기도이기 때문이다.

성령께서 말씀하시는 기도의 6가지 원칙

필자의 중심적인 사역은 성령이 내주하는 기도훈련을 하는 것이다. 약 25년 전에 하나님을 부르는 기도를 시작했고 11년차가 되어서 성령께서 말씀해 주시기 시작했다. 그리고 3년의 훈련기간을 거쳐 충주의 한적한 시골에 보내 주셔서 영성학교를 열어주신 지 벌써 10년여의 세월이 흘렀다. 필자가 처음 기도를 시작한 것은 성경에 있는 것을 삶으로 옮긴 것이다. 그리고 성령께서 책으로 2권이 넘는 내용을 말씀해 주셨으며, 그중에 상당한 내용이 하나님이 원하시는 기도에 대한 주제였다. 그래서 성경과 성령께서 해 주신 말씀을 텍스트로 삼아 기도훈련 사역을 하고 있다. 그중에서, 성령께서 기도에 대해 콕 집어서 말씀하신 핵심적인 내용을 옮겨 드리겠다.

1) 기도의 원리는 하나님을 찾는 것이다

크리스천치고 기도를 해 보지 않은 사람은 없을 것이다. 그러나 성경에 약속한 기도의 응답을 경험한 사람은 드물다. 그 이유는 성경적인 기도의 원리를 모르고 기도하였기 때문이다. 대부분의 크리스천들은 자신이 원하는 것을 얻어 내는 수단으로 기도를 알고 있다. 그러나 그것은 틀렸다. 기도는 하나님과 내 영혼이 깊고 친밀하게 교제하는 통로이다. 또한 기도는 하나님이 기뻐하시는 행위로, 창조주이자 우리의 주인이신 하나님께서 피조물이자 종인 우리에게 명령하신 행위이다. 그래서 성경에서는 주인을 날마다 쉬지 않고 찾아오라고 수없이 말씀하고 있다. 말하자면 기도란 하나님이 기뻐하시는 명령을 수행하는 가장 근본적인 행위로서, 하나님의 이름을 찾고 부르며 그분의 얼굴을 구하는 것이다. 그게 바로 기도의 원리이다. 그러나 성경대로 기도하는 것이 아니라 자신의 욕심을 추구하며 기도한다면, 하나님을 하나님으로 인정하는 것이 아니라 《알라딘과 요술램프》에 나오는 요정 지니로 알고 있는 것에 불과하다. 그래서 오랫동안 희생적인 기도를 해도 아무런 응답이 없는 것이다. 기도의 원리를 모르고 기도하기 때문이다.

2) 기도의 본질은 쉬지 않고 기도하는 것이다

그렇다면 기도의 본질은 무엇인가? 바로 쉬지 않고 기도하는 것이다. 사도 바울은 쉬지 말고 기도하라고 하였고, 예수님은 항상 깨어서 기도하라고 하셨으며, 사무엘은 기도를 쉬는 게 바로 죄라고 말했다. 예수님과 성경의 위인들이 이구동성으로 쉬지 말고 기도하라고 한 이유는 무엇일까? 그 이유는, 기도는 하나님과 깊고 친밀하게 교제하는 것으로, 하나님께서는 기뻐하는 자녀들과 끊임없이 교제하며 동행하기를 원하시기 때문이다. 그렇다면 쉬지 않고 기도하는 것이 당연한 일일 것이다. 그러나 우리네 교회에서는 새벽기도회에 나와서 10~20분간 자신이 원하는 기도목록을 한 바퀴 돌리는 게 전부이다. 쉬지 말고 기도하라고 하는 것은 하나님의 뜻이자 주인의 명령이다. 하나님은 우리와 24시간 함께 계시며 동행하기를 원하신다. 그렇다면 쉬지 않고 하나님의 이름을 부르고, 간절히 성령의 내주를 간구하는 기도의 습관을 들이는 것은 당연한 일이다.

3) 기도의 핵심은 계속해서 두드리는 것이다

예수님은 찾고, 구하고, 두드리라고 말씀하셨으며, 자신도 우리가 문을 열어줄 때까지 문밖에서 두드리고 계신다고 하셨다. 그러므로 기도의 핵심은 하나님의 뜻이 이루어질 때까지 계속해서 두드리는 것이다.

하나님은 기도하는 종의 기도를 통해서 일하는 분이시다. 그래서 하나님의 나라를 확장하고 그분의 뜻을 이루어 드리려면, 우리가 해야 할 것은 기도하는 것뿐이다. 그것도 이루어질 때까지 계속해서 쉬지 않고 두드려야 한다. 그러한 기도의 본을 보이는 것이 믿음이 내려오는 조건이다. 그러므로 아침과 저녁에 방해받지 않는 시간을 정해서 기도하고, 낮에도 틈나는 대로 기도하는 습관을 들여야 한다. 그래서 하루 종일 하나님의 뜻이 이루어지기를 꾸준하게 두드려야 한다. 그런 사람들이 바로 하나님이 기뻐하시는 종이며 예수 그리스도의 제자의 삶을 사는 사람들이다.

4) 기도의 응답은 하나님과 하나가 될 때 내려온다

사람들은 기도해도 응답이 오지 않으면 희생의 강도를 높인다. 새벽기도를 작정하고, 기도할 때마다 헌금을 가져오며, 기도원에 올라가 금식을 선포하고 기도한다. 이는 하나님을 부자 아버지쯤으로 아는 가증스러운 행위이다. 예수님은 '너희가 내 안에 거하고 내 말이 너희 안에 거하면 무엇이든지 원하는 대로 구하라 그리하면 이루리라'(요15:7)고 말씀하시며, 우리가 하나님과 하나가 될 때 100% 응답이 내려올 것을 약속하셨다. 그렇다면 우리가 하나님과 하나가 될 때는 언제인가? 그것은 하나님이 기뻐하시는 것이 내가 기뻐하는 것이 되고, 하나님이 원하시는 것이 바로 내가 원하는 것이 되는 때이다. 그 경지가 바로 하박국 선지자가 세상일에 아무런 열매가 없어도 기뻐하며, 다윗이 하나님의 품 안에 있을 때 부족함이 전혀 없다고 노래하는 그 경지이다. 그래서 기도하는 내용도 자신이 원하는 게 아니라 하나님의 뜻을 기뻐하고 소원하게 된다. 그럴 때 바로 응답이 내려오는 것이다. 그때가 바로 내가 하나님과 하나가 되는 때이기 때문이다.

5) 기도의 열매는 30배, 60배, 100배의 효력이 발생한다

벼 한 톨에서 수백 배의 열매가 맺히고, 옥수수 한 알을 심으면 수천 개의 알갱이가 달린다. 사람들의 노력은 2배의 생산성도 기대하기 힘들지만, 하나님은 수십 배, 수백 배의 열매를 맺는 분이시다. 그러므로 기도의 일꾼은 기도의 열매를 따 먹는 재미로 사는 사람들이다. 그런데 대부분의 사람들은 평생 기도응답을 받는 것이 몇 번에 불과하다. 그러나 예수님은 믿고 기도하는 것마다 틀림없이 응답이 온다고 약속하셨다. 아무리 기도해도 응답이 없으며 무능하고 무기력하게 살아가는 이유는, 하나님이 기뻐하는 기도의 일꾼이 아니기 때문이다. 사람들은 평소에 기도하지 않고 살다가 문제가 닥치면 그때서야 부랴부랴 기도 자리에 앉는다. 이런 기도의 태도는 가증스러울 뿐이다. 그러므로 대다수의 사람들은 아무리 기도해도 응답을 경험하지 못한다. 그러나 기도의 습관을 들여서, 그 맛을 아는 극소수의 사람들은 풍성한 기도의 열매를 따 먹는 기도의 일꾼이 된다. 사람의 능력과 비교할 수 없는 엄청난 기적을 경험하며 살게 된다.

6) 기도의 삶은 자기를 부인하는 삶이다

예수님께서 제자가 되는 조건으로 가장 먼저 꼽은 것이 바로 자기를 부인하는 것이었다. 또한 사도 바울도 자신이 십자가에서 예수님과 함께 못 박혔으며 날마다 죽노라고 고백했는데, 이것이 바로 자기를 부인하는 삶이다. 그러나 대부분의 크리스천들이 교회에 다니는 목적은 자신이 원하는 세속적인 축복을 받아 누리기 위해서이다. 그러나 하나님이 우리를 지으신 목적은 영광을 얻기 위해서이며, 자신의 뜻을 이루는 종이 필요해서이다. 이렇게 하나님의 뜻과 사람의 생각의 차이는 하늘과 땅의 간격만큼이나 크다. 그러므로 자기의 욕심과 계획, 소원하는 모든 것을 쓰레기통에 버리고, 오직 하나님이 기뻐하시는 뜻만을 위해 살아가려면 육체의 욕망을 십자가에 못 박아야 한다. 그러나 이는 자신이 원하고 결심한다고 되는 것이 아니다. 성령께서 우리 안에 들어오셔서, 통치하시고 다스리시는 하나님의 나라가 이루어져야 한다. 이러한 삶은 날마다 쉬지 않고 성령을 간절히 찾고 그분의 내주를 간구하는 기도의 습관을 들인 사람들에게 이루어진다. 하루 종일 하나님 생각으로 가득차서 기도하는 삶을 사는 사람들은, 성령의 능력으로 자기를 부인하고 오직 주인이신 하나님이 기뻐하는 삶을 살게 된다.

이제까지 살펴본 기도의 6가지 원칙은 성령께서 필자에게 말씀하신 내용이다. 막연하게 주관적으로 기도하는 것이 아니라 하나님의 방식과 그 뜻대로 기도해야, 응답이 신속하게 내려오고 풍성한 열매를 얻으며 하나님과 동행하는 삶을 누릴 수 있다.

하나님을 만나는 일에 목숨을 걸라

필자는 성령이 내주하는 기도훈련 사역을 하고 있다. 기도훈련 사역이라는 것조차 듣기 어려운 단어이지만, 그 앞에 '성령이 내주하는'이라는 단서를 붙이고 있다는 점을 심각하게 받아들여야 한다. 성령이 내주한다는 의미는 성령이 안에 들어오셔서 통치하시고 다스리시는 하나님의 나라가 임했다는 뜻이다. 물론 우리네 교회에서는 성경을 자의적으로 해석해서, 영접기도 행위에 동의를 하면 성령이 자동적으로 들어오신다고 가르치고 있지만, 대부분의 크리스천들은 성령이 자신 안에 있는지 인지조차 못 하고 살아가고 있다. 성령이 누구신가? 세상을 지으시고 우주를 운행하시며, 대자연을 다스리시고 인간의 생사화복을 주관하시는 전지전능한 하나님이시다. 그런 하나님이 자신 안에 들어와서 동행하시며 인도하신다는데, 왜 사람들은 그 성령님을 인지조차 할 수 없는가? 성경을 읽어 보라. 아브라함과 요셉, 모세와 다윗, 사무엘과 다니엘 등, 하나님이 성경의 위인들과 함께하신 놀라운 증거들이 널려 있다. 그런 하나님이 우리네 교인 안에 거주하시는데, 계신지도 모르고 살아간다는 게 말이 되는가? 그러나 교단신학자들의 주장을 받아들여 가르쳤기 때문에, 이제 와서 자신들의 교리가 잘못되었다고 인정할 수 있겠는가? 이는 교단신학자들의 교리가 성경 위에 군림하고 있기 때문이다.

그러나 영성학교는 아니다. 성경에 기록된 대로, 성령이 계시는 증거와 변화, 능력과 열매가 있어야 인정한다. 어쨌든 필자가 성령이 내주하는 기도훈련 사역을 시작한 지 10년이 넘어섰다. 지금까지 1,000명이 넘는 사람들이 기도훈련을 신청했고, 수백 명의 사람들이 기도훈련을 받았으며 지금도 사역은 계속되고 있다. 그동안 기도훈련을 통해 수백 명의 사람에게서 귀신이 쫓겨나고 정신질환과 고질병이 치유되고, 찢어진 가정이 회복되었으며 삶의 지난한 문제들이 기적적으로 해결되었다. 그러나 여전히 성령이 동행하는 성령의 사람들은 소수에 불과하다. 왜 그런지 아는가? 하나님을 만나는 일에 목숨을 걸 정도의 결심이 부족하기 때문이다.

예수님은 죽도록 충성하면 생명의 면류관을 주시겠다고 약속하셨다. 그러나 죽도록 충성한다는 게 어떤 것인지 실감하지 못하는 크리스천들이 널려 있다. '죽도록'이라는 단어는 목숨을 바친다는 의미이다. 세상에 목숨보다 소중한 것이 또 어디 있겠는가? 그러므로 자신의 모든 것을 바쳐서 하나님의 뜻과 예수님의 명령에 순종해야 한다는 뜻일 게다. 그러나 교인들은 주일성수와 십일조, 각종 교회봉사와 새벽기도회에 참석하면서 담임목사의 말에 따르는 행동으로 죽도록 충성하고 있다고 착각하고 있다. 필자를 찾아온 수많은 사람들은 평생의 신앙생활을 통해서 교회에서 요구하는 희생적인 신앙행위에 순종한 사람들이었다. 그러나 정신질환과 고질병, 각종 삶의 지난한 문제로 인해 영혼과 삶이 극도로 피폐해져서 충주의 시골에까지 찾아오게 되었던 것이다. 그러고는 필자에게 되물어 보았다. 자신들은 교회에서 시키는 대로 열과 성을 다해서 충성했는데, 왜 이렇게 혹독하고 처참한 인생을 받아들여야 하느냐고 말이다. 그렇다면 이유는 2가지이다. 죽도록 충성하지 않았거나, 예수님의 약속이 거짓말일 것이다. 그러나 어느 한쪽도 받아들일 수 없었다. 그래서 필자가 대답을 대신해 주었다. 담임목사의 명령에 죽도록 충성했는지 모르겠지만, 예수님의 명령에 죽도록 충성하지 않았다고 말이다.

어쨌든 우리네 교인들은 죽도록 충성하라는 말을 자의적으로 해석하여, 교회에서 주문하는 희생적인 신앙행위 중에서 자신이 할 수 있다고 생각하는 것을 열심히 하는 것으로 적용시켰다. 그러나 문제는 그런 잣대는 교단신학자나 담임목사 혹은 자신이 생각하는 것이 아니라 하나님이 성경에서 정한 내용이다. 하나님을 만나는 자세나 태도는 마음을 다하고, 뜻을 다해서, 전심으로 혹은 간절히 등이다. 좀 더 구체적으로 하나님을 만나는 기도의 방식은 쉬지 않고, 항상 깨어서이다. 그래서 당신은 항상 깨어서 쉬지 않고 전심으로 간절히 기도하고 있는가? 이렇게 기도방식을 가르치는 교회도 없고, 이런 방식으로 기도하는 교인들도 없다. 그래서 성경에 기록된 하나님의 능력을 경험하며 축복의 약속을 누리며 살아가는 이들을 보기 어려운 것이다. 그 이유는 기도하는 일, 즉 하나님을 만나는 일에 목숨을 걸지 않기 때문이다. 목숨을 건다는 것은 기도하는 일에 삶의 최우선순위에 두고 산다는 것을 의미한다. 사람들은 하나님을 만나는 것보다 세상의 욕심을 채우고 쾌락을 즐기며 사는 것을 더 좋아한다. 그러면서 자신들도 나름대로 기도를 열심히 하고 있다고 생각하거나, 성령이 자신 안에 계시며 구원을 받았다고 여기기 때문에, 굳이 그렇게까지 기도해야 하는 필요를 느끼지 못하는 것이다. 그래서 하나님을 만나고 싶어서 견딜 수 없는 사람들만이 이 기도를 시작할 수 있다. 대부분 기도를 좀 한다는 사람들은 성령께서 내주하시는 증거가 없는데도 나름대로 자신들도 잘하고 있다고 생각한다. 그렇기에 쉬지 않는 기도를 통해 성령이 내주하는 증거와 변화, 능력과 열매를 지닌 사람들이 걸어간 길을 올곧게 따라가는 것이 시행착오를 줄이며 기도의 강을 건너갈 수 있는 방법이다.

필자가 처음 하나님을 부르는 기도를 시작했을 때가 생각난다. 뭐, 처음에는 목숨을 건다든가, 전심으로 기도한다든가 하는 것은 꿈도 꾸지 못했다. 하나님께 만나 달라고 애걸복걸하였기 때문에, 성경을 이리저리 뒤져 가며 하나님을 만나는 법에 대한 성경구절을 찾아보았다. 하나님을 만나는 법에 대한 구절을 찾는 것은 그리 어렵지 않았다. 마음을 다하고 뜻을 다하고 힘을 다하며, 전심으로, 간절히 하나님을 찾으면 된다고 되어 있었다. 좀 더 구체적인 기도방식은 항상 깨어서 쉬지 않고 기도하는 것이었다. 문제는 하나님을 부르는 것은 어렵지 않았지만, 쉬지 않고 기도하는 것에 대한 의문이었다. 어떻게 기도하는 것이 쉬지 않고 기도하는 것인지에 대한 구체적인 언급이 없었기 때문이다. 그러므로 그냥 해 보는 수밖에 없었다. 성령이 내주하셔서 만나 주실 때까지 기도의 강도와 빈도를 높이는 것이 필자가 할 수 있는 유일한 방법이었다. 그래서 집에서 기도하고 일터에 나가서도 하나님을 부르고, 운전을 하면서도 하나님을 불렀다. 그리고 집에 돌아와서도 하나님을 불렀다. 물론 처음에는 어색하고 낯설어서 하다가 중단하기도 했지만, 성경에 기록된 하나님의 말씀을 믿고 지속적으로 해 나갔다. 처음 몇 개월은 허공을 치는 느낌도 많이 들었지만, 1년이 지나고 세월이 흐르니까 적응이 되고 습관이 들어서 기도하는 게 쉬워지기 시작했다.

그러나 몇 년이 지나도 하나님이 오셨다는 느낌이나 현상은 없었다. 그래서 중도에 포기하고 싶은 충동도 많이 들었지만, 당시 필자가 할 수 있는 게 아무것도 없었기에 무작정 기도하며 세월을 보냈다. 그렇지만 아무 일도 일어나지 않았고 삶의 변화도 없었기에, 시간이 지나면 지날수록 더욱 빈도와 강도를 높여야겠다는 결심을 다지기 시작했다. 그래서 날이 갈수록 더 많은 시간을 기도하게 되었고, 기도할 때마다 집중력도 좋아졌다. 그렇게 10년쯤 흐르니까, 하루 종일 하나님을 떠올리며 기도하는 습관을 들여서 살아가게 되었다. 그렇게 11년차가 되면서 성령께서 말을 걸어오기 시작했으며, 3년 동안 귀신을 쫓아내는 훈련을 거쳐 충주의 한적한 시골에 영성학교를 열어 주셔서 기도훈련 사역을 한 지도 벌써 10년이 넘었다. 이처럼 쉬지 않고 기도하는 것은 성령이 찾아와서 동행하는 증거를 가진 사람이, 자신이 해 왔던 기도의 방식을 그대로 가르쳐 주면서 따라 하도록 훈련시키는 것이 가장 빠른 방법이다. 아니라면 필자처럼 오랜 시간 수많은 시행착오를 겪고 숱한 실패를 경험하며 기도를 해야 할 것이다. 우리네 교회에서 성경말씀대로 쉬지 않고 기도하는 훈련을 시키지 못한 이유는 교회지도자들도 그런 기도를 해 본 적이 없기 때문이다. 목사들도 평신도 시절에 새벽기도나 작정기도, 기도원에서의 금식기도만을 보고 해 왔기 때문에, 자신이 교회지도자가 되면 자신이 보고 배운 기도방식을 가르치는 것뿐이다. 필자가 쉬지 않고 하나님을 부르는 기도훈련을 하는 이유는, 필자가 그런 기도방식을 습관으로 들여서 기도하다가 성령께서 찾아오셔서 동행하는 삶을 살게 되었기 때문이다. 그러므로 필자가 성령 하나님을 만나서 동행하는 삶을 살고 있는지 날카롭게 살펴 확인해 보고 나서, 진짜라고 생각이 된다면 필자가 해 왔던 방식대로 벤치마킹을 해서 기도습관을 들여야 할 것이다.

기도의 본질을 깨달으라

기도의 본질은 하나님의 뜻대로 기도하는 것이다. 말하자면 성경에서 말하는 기도란 하나님의 뜻에 순종하는 것이다. 그러나 대부분의 크리스천들은 기도를 자신의 욕구를 충족시키고 소원을 이루는 통로로 착각하고 있다. 왜 우리네 교회에서 기도 소리가 사라졌는지 아는가? 응답이 없기 때문이다. 그렇다면 왜 응답이 내려오지 않는가? 그 이유는 하나님의 뜻대로 기도하지 않기 때문이다. 1960~1970년대 한국전쟁에 끝나고 산업이 피폐해져서 먹고살 길이 막막했을 때, 사람들이 교회에 와서 먹고사는 길을 위해 기도했다. 새벽기도회에나 기도원에서 금식하면서 주렁주렁 매달린 자녀들을 굶기지 않게 먹이고 학교에 보내 가르칠 수 있도록 해 달라고 목 놓아 기도했다. 사랑이 많으신 하나님은 우리네 민족과 부모들을 불쌍히 여기셔서, 경제적으로 풍족해지고 부유하게 살길을 열어 주셨다. 그러자 사람들은 더 이상 기도하지 않았다. 이제 배부르고 등이 따뜻해졌기 때문에 더 이상 기도할 필요를 느끼지 못했기 때문이다. 우리네 부모가 극도의 궁핍함 속에서 애걸복걸하며 기도한 것이 기도의 본질이었을까? 솔직히 말해서, 하나님께서 기도에 응답해 주셨을지라도 그동안 해 왔던 기도는 본질적인 기도가 아니었다. 기도의 본질은 하나님의 뜻을 추구하는 것이다. 그러나 당시 우리네 교회의 지도자들은 당장 눈앞에 먹고사는 일에 바빠서 기도의 본질을 가르칠 생각조차 하지 않은 것이 뼈아픈 실책이다. 그래서 우리네 교회는 성경대로 기도하는 법을 잊어버렸고, 성경에 기록된 하나님의 뜻을 추구하지 않고 기도를 자신들의 소원을 이루고 문제를 해결하는 통로로 삼았던 것이다.

그렇다면 기도의 본질은 무엇인가? 하나님의 뜻에 순종하며 하나님의 뜻을 이루는 것이다. 즉 기도를 하는 목적이 하나님의 뜻에 순종하기 위해서이다. 왜냐면 우리는 태어날 때부터 죄성으로 변질된 자아를 가지고 태어났기에, 죄가 더 좋고 죄를 추구하고 싶어 하기 때문이다. 죄란 하나님이 싫어하는 모든 것들을 말하며, 그중에서도 가장 큰 죄가 주인이신 하나님의 뜻을 멸시하고 불순종하는 것이다. 즉 주인이신 하나님의 뜻에 불순종하며 자신의 마음과 생각대로 살려고 하는 것이다. 교회에 온 목적도 하나님의 뜻에 순종하기 위해서라기보다는, 하나님의 축복과 도우심으로 세상에서 잘살고 성공하려는 생각에서 온 것이 아니었는가? 이렇게 사람들은 태어날 때부터 자신이 주인이 된 삶을 추구하기 마련이다. 그래서 세상에서는 자기가 자신의 주인이며, 자신의 뜻과 꿈을 펼치라는 광고가 사람들의 마음을 사로잡고 있다.

신앙생활을 하면서 성경을 통해, 우리의 주인은 내가 아니라 하나님이신 것을 알게 되었어도 달라지는 것은 없다. 하나님은 내가 세상에서 잘살고 성공하게 해 주는 도우미에 불과할 뿐이다. 그래서 이런 덕담이나 축복, 격려나 위로를 맛깔나게 하는 목사가 시무하는 교회에 사람들이 넘쳐나는 것이다. 하나님을 모르는 세상 사람이나, 교회에 와서 하나님을 주인으로 고백한 크리스천이나 죄다 하나님이 주인이 아니라 자신이 주인이 되어서 살고 싶을 뿐이다. 이런 생각이 하나님께 가장 극악무도하고 가증스러운 죄이다. 그러나 설령 그게 죄라는 것을 알게 되었을지라도, 이미 자아가 변질되어 죄로 오염된 마음과 생각을 바꾸는 것은 불가능하다. 그래서 하나님의 도움이 필요하며 기도를 해야 하는 것이다.

즉 기도의 본질은 하나님의 뜻에 순종하며 살기 위해서이고, 내 노력과 의지로는 불가능하기 때문에 성령 하나님께서 내 안에 들어오셔서 나를 통치하시고 다스리시는 하나님의 나라가 이루어지게 해 달라는 요청이 기도의 본질인 셈이다. 그러나 하나님은 아무나 요청한다고 들어오시는 분이 아니다. 세상을 지으시고 인간의 생사화복을 주관하시는 전지전능한 하나님이 살아 계시다는 것을 확신하고 있는 믿음을 확인하신 후에 들어오신다. 그래서 기도의 내용도 성경에서 요구하는 대로 해야 한다. 그중에서 가장 대표적인 기도문이 바로 예수님께서 가르쳐 주신 주기도문이며, 서신서 곳곳에 바울의 기도문도 있다. 구약의 시편도 다윗이 하나님께 기도한 내용으로 채우고 있다고 해도 과언이 아니다. 그러므로 이런 기도의 내용을 기도해야 한다. 성경이 살아 계신 하나님의 말씀이라고 믿는 크리스천이라면, 누구나 하나님의 뜻대로 기도해야 한다.

또한 기도의 방식도 성경대로 해야 한다. 성경의 기도방식은 쉬지 말고 기도하라, 전심으로 기도하라, 항상 깨어서 기도하라 등이다. 그러나 사람이 어떻게 그렇게 기도할 수 있냐고 항변하면서 순종하지 않는 자들은 하나님을 절대 만날 수 없다. 부족하고 연약한 인간의 눈으로 보기에는 불가능해 보여도 전지전능하신 하나님 편에서 볼 때는 식은 죽 먹기로 쉬운 일일 것이다. 그래서 자신의 능력이나 노력으로는 불가능하지만, 하나님이 명령하셨으니까 주인의 뜻에 절대복종하는 태도로 기도하는 자들을 찾으시는 것이다. 그러나 대부분의 교인들은 하나님의 뜻에 절대복종할 생각이 없이, 자신이 할 수 있는 선에서 하고 싶은 것들만 하려고 한다. 이런 태도는 하나님 앞에 가증스러운 불순종을 드러내는 것이다. 결론적으로 하나님은 기도를 통해서 믿음이 있는지의 여부를 확인하시고 싶어 하신다. 성경에 명령한 대로 기도하는 자들은 믿음이 있는 자들이고, 자신의 생각대로, 자기 마음대로 기도하는 자들은 전지전능하신 하나님을 믿지 못하는 자들이다.

기도행위가 아니라 마음이 하나님께 가야 한다

하나님은 영이시기 때문에 하나님과 만나려면 내 영혼이 하나님께 가 있어야 한다. 그러나 영혼은 볼 수도 없고 만질 수도 없다. 영혼의 상태를 알려면 마음과 생각을 통해 아는 것이다. 영혼의 창이 마음이고, 마음의 창이 생각이기 때문이다. 그래서 그 사람의 생각이 어느 곳에 머무는지 안다면 마음을 알 수 있고, 마음을 통해 영혼의 상태까지 진단할 수 있다. 결국 하나님께 마음이 가 있으려면 마음으로 기도하고 영으로 기도해야 한다. 그래서 하나님을 만나는 기도의 방식은 마음과 힘을 다해 기도하는 것이고, 전심으로 간절히 기도하는 것이다. 그러나 우리네 교회는 무속의 기복신앙을 들여와서 마음이 아니라 희생적인 기도행위를 따라 하고 있으니 기가 막히는 일이다. 희생적인 신앙행위가 바로 율법적인 신앙방식이며, 율법적인 방식은 성경적이 아니라 귀신들에게 기도하는 무당들이 하는 기도방식이다. 무당들이 기도하는 방식을 살펴보자. 무당들은 치성을 드려야 한다면서, 아무도 일어나지 않은 깜깜한 새벽에 일어나 찬물에 목욕재계하고 기도를 한다. 100일 동안 기도하는 것은 백일기도, 1,000일 동안 기도하는 것을 천일기도라고 하며, 백일기도보다 천일기도가 더 효험이 있다고 강조한다. 여기에 빠질 수 없는 것이 제물이다. 500만 원을 들인 제물보다 1,000만 원을 들인 제물이 더 효험이 있다고 강조하는 것은 물론이다. 이 같은 기도방식은 이성적이고 합리적이며, 희생의 강도를 높이면 높일수록 기도응답도 빨리 온다고 주장하는 것이다.

그러나 성경은 그렇지 말하고 있지 않다. 성경은 일관되게 희생의 강도를 높여서 많은 제물을 차린 제사나 금식의 강도를 높인 기도를 들으신다고 얘기하고 있지 않다. 하나님은 이사야 선지자를 통해, 금식기도를 하는 것보다 사람들을 억압과 압제에서 벗어나게 해 주는 행위가 먼저라고 말씀하신다(사 58:6). 그러나 기가 막히게도, 교회에서는 이 말씀을 인용하여 금식기도를 강조하는 근거로 삼고 있으니 어처구니가 없다. 그 바로 앞 구절을 살펴보면, 금식기도를 하면서 악을 행하고 싸우며 쾌락을 즐기는 행위들을 보면서 하나님께서 격노하신다고 말씀하신다. 그런데 이 구절을 가지고 금식기도를 강조하는 근거로 삼을 정도로 하나님의 말씀을 자의적으로 해석하여 짜맞추어 아전인수식으로 삼고 있으니 기가 막히다. 하나님은 이사야를 통해 하나님이 기뻐하시는 제사는 많은 제물을 가져오는 것이 아니라고 누누이 말씀하고 계시다. 삶의 현장에서는 하나님이 싫어하시는 가증스러운 행위를 하면서, 절기 때마다 많은 제물을 가져오며 성전에 모여서 제사를 드리는 행위에 피곤하다고 밝히고 계시다(사 1:11~14). 그런 사람들이 기도할 때 하나님은 눈을 가리고, 아무리 많이 기도할지라도 듣지 않으시겠다고 선포하신다(사 1:15). 그런데 우리네 교회는 이런 하나님의 말씀을 멸시하고 업신여기며, 무당들이 하는 기도를 교회 안에 들여와서 자의적으로 기도기간을 정해서 작정기도를 하고, 기도원에 올라가서 금식하며 기도하는 날을 늘려서 하나님의 목을 죄고 있으며, 심지어는 새벽기도회에 올 때마다 헌금봉투를 1,000일 동안 가져오는 듣도 보도 못한 일천번제기도라는 비성경적인 기도방식을 시행하고 있으니 경악할 일이다.

예수님은 바리새인들의 기도행위를 가증스럽게 여기며 독설을 날리셨다. 예수님 당시의 유대인들은 로마에게 망해서 오랜 식민지 지배를 당하면서 신앙이 형편없이 떨어져 있었다. 그러나 바리새인과 서기관 등의 종교지도자 계급은 자신들의 종교행위를 드러내며 자기 의를 내세우고 자기만족의 희생적인 신앙행위를 하는 일에 빠져 있었다. 기도란 하나님과 만나는 행위임에도, 사람들이 북적북적한 시장 한복판에서 옷을 찢으며 재를 뒤집어쓰면서 큰 소리로 기도하는 등의 퍼포먼스로 사람들에게 자신의 종교행위를 자랑하기 바빴다. 이 같은 기도행위의 속내는 하나님을 기쁘시게 하는 것이 아니라, 자신의 신앙심을 다른 사람들에게 보여 주며 자신의 영광을 드러내려는 가증스러운 동기에서 출발하였음을 어렵지 않게 알 수 있다. 이 같은 기도의 방점을 찍은 사건은 바리새인과 세리의 기도로, 우리에게도 친숙한 사건이다. 바리새인은 자신의 희생적인 신앙행위를 드러내면서 자기 의와 자기만족을 채우는 기도를 했던 반면에, 세리는 하늘을 쳐다보지도 못하고 가난한 마음으로 죄를 고백하고 용서를 구하는 기도를 했다. 예수님은 세리의 기도에 손을 들어 주시면서 바리새인들의 교만하고 가증스러운 모습을 질책하셨다. 기도의 잣대는 마음이 하나님께 가 있는지에 있다. 그러나 아쉽게도 우리네 교회는 기도행위를 겉모습을 드러내는 희생적인 종교행위로 변질시켰다. 그래서 우리네 교인들의 기도에 하나님의 응답이 사라진 것이다. 마음이 하나님께 가 있지 않기 때문이다.

성경에서 명령하신 기도의 방식

기도의 대상은 하나님이시며, 하나님이 원하시는 기도의 태도나 방식도 성경에 기록되어 있다. 그러므로 성경이 하나님의 말씀이라면, 하나님께서 명령하시는 대로 기도해야 되는 것이 마땅할 것이다. 필자가 교회에서 배워 왔던 기도의 내용과 기도방식은 오랫동안 내려왔던 교회의 관행으로 전해진 것이어서 성경적이지 않은 내용도 적지 않다. 그래서 필자가 하나님을 만나야겠다고 결심을 하고 하나님을 부르면서, 교회에서 배워 왔던 기도방식이 아니라 성경에 기록된 내용대로 기도에 적용하였다. 그래서 성경에서 명령하는 기도에 대해 살펴보고 싶다.

쉬지 말고 하나님을 찾으라

필자가 하나님을 만나야겠다고 결심을 했지만, 어떻게 하나님을 만나야 할지 난감했다. 그동안 교회에서 가르친 것은, 영접기도 행위를 하고 주일성수를 하고 있다면 성령께서 우리 안에 들어와서 거주하고 있다는 신학 교리이다. 그러나 필자의 영혼과 삶의 상태, 믿음의 상황으로 볼 때, 필자 안에 성령이 거주하고 있다는 것은 누가 봐도 아니었다. 성령께서 내 안에 계시다면, 이렇게 처참하게 무너진 삶을 어떻게 설명해야 할 것인가? 평신도였다면 그냥 넘어갔을 수도 있다. 그러나 신대원에서 공부하면서 장차 목회자가 될 동창생들과 이미 목회자가 된 선배들의 민낯을 보면서 목회자에 대한 환상이 깨진 지 오래되었다. 그래서 목회자들이 어떤 말을 할지라도, 하나님의 종의 말에 순종해야 한다는 등식은 이미 사라져 버렸다. 동시에 교회에서 가르쳐 왔던 교리에 대한 신뢰감도 필자에게서 찾아볼 수 없었다. 그러니 유일한 단서는 하나님의 말씀이며 진리인 성경에서 찾아볼 수밖에 없지 않은가? 그래서 성경을 이 잡듯이 뒤지기 시작했다. 그러자 그전에는 보이지 않던 구절들이 필자의 눈에 들어오기 시작했다.

그러나 네가 거기서 네 하나님 여호와를 찾게 되리니 만일 마음을 다하고 뜻을 다하여 그를 찾으면 만나리라(신 4:29)

너희가 내게 부르짖으며 내게 와서 기도하면 내가 너희들의 기도를 들을 것이요 너희가 온 마음으로 나를 구하면 나를 찾을 것이요 나를 만나리라(렘 29:12~13)

쉬지 말고 기도하라 … 이것이 그리스도 예수 안에서 너희를 향하신 하나님의 뜻이니라(살전 5:17~18)

이러므로 너희는 장차 올 이 모든 일을 능히 피하고 인자 앞에 서

도록 항상 기도하며 깨어 있으라 하시니라(눅 21:36)

필자가 찾은 성경구절은 수도 없이 많지만, 위의 구절이 하나님을 만나는 기도를 간결하고 구체적으로 말한 내용이다. 이 내용을 한 문장으로 말하면, '쉬지 말고 하나님을 찾으라'였다. 사도 바울이 말한 '쉬지 말고'라고 번역한 헬라어는 '아디아레이프토스'인데, 이 단어의 뜻은 '끊임없이'라는 의미이다. 예수님이 말씀하신 '항상'이라는 말과 같은 의미이다. 기도의 내용은 하나님의 이름을 부르며 그의 얼굴을 구하면서, 하나님이 와주시기를 간절히 기대하며 찾는 것이다. 이렇게 하나님을 만나는 성경의 명령을 쉽게 찾아냈다. 그런데 이렇게 쉽게 찾을 수 있는 내용을, 우리네 교회에서는 왜 전혀 가르치지 않은 것일까 의아했다. 그러나 성경에서 말하는 내용이 진짜인지 확인하는 방법은, 기도해서 성령이 내주하시는 것을 성령의 능력과 기적과 이적으로 증명해 내야 하는 것이다.

그래서 필자는 하나님을 부르는 기도를 시작했다. 그러나 처음의 느낌은 허공에 대고 소리를 지르는 느낌과 다를 바 없었다. 그렇게 한 달, 두 달, 석 달이 지나가고 1년, 2년, 3년이 흘렀다. 몇 년을 해도 아무런 일이 일어나지 않았으며 의심이나 실망이 스멀스멀 들어와서 의지를 꺾고 결심을 무너뜨리기도 했지만, 필자의 마지막 카드였으며 성경에 기록된 말씀을 근거로 시작한 것이므로 초연하게 매일매일 기도하며 세월을 보냈다. 성령이 드러나시는 현상이나 기적은 없었지만, 기도의 습관이 드

니까 기도가 처음보다 쉬워졌으며, 마음이 평안해진 게 달라졌다면 달라진 현상이었다. 그렇게 몇 년을 하나님을 부르면서 아무런 일이 일어나지 않자, 성경에서 요구하는 쉬지 않고 항상 기도하는 수준에 이르지 못하고 있다는 생각이 들어서, 날마다 기도의 강도와 빈도를 높여 나갔다. 물론 장사를 하면서 돈을 벌어야 했으며 생리적인 현상이나 가정생활도 소홀히 할 수 없었으므로, 쉬지 않는 기도가 무엇인지 구체적으로 확인하려면 성령이 내주하는 현상이 일어날 때까지 기도의 빈도를 촘촘하게 높여 나가야만 했다.

　아내와 장사를 하러 나가서도 틈나는 대로 차 안에서 기도했고, 운전을 할 때도 전방을 주시하면서 입으로 하나님을 불렀다. 당시 필자는 치주염이 심해 입에서 악취가 많이 났지만, 돈이 없어 치과치료를 받지 못했다. 이빨을 뺀 자리에 임플란트를 하거나 틀니를 해야 했는데, 겨우 먹고사는 처지에 엄두를 내지 못했다. 그래서 겨울에 차 문을 닫은 채로 운전하면서 기도하면 차 안에 입내가 심하게 나서, 아내의 눈치를 보면서 창문을 자주 내리고 공기를 순환시켜야 했다. 산책을 하거나 운동을 할 때도 하나님을 불렀고, 병원에서 순서를 기다리거나 대중교통을 이용할 때도 기도했다. 그러다 보니 에피소드가 많았다. 필자는 기도할 때 전심으로 하기 위해 아랫배에 힘을 주고 팔에 힘을 주어 팔을 떨면서 기도하는데, 차 안에서 기도하는 것을 다른 사람들이 보고 경련을 일으켰다고 생각해, 차 문을 다급하게 두드리면서 어디가 아프냐고 걱정스럽게 물어본 이들이 여러 명이 있었다. 또한 여름철에는 더워서 차 안에서 기도하지 못하므로, 장사하러 나가면 시장 입구에 깔판을 깔고 그 위에 좌식의자를 놓고 앉아 기도할 때가 많았다. 그런 모습이 다른 이들에게 기이

했던지 동물원의 원숭이를 보듯 힐끗힐끗 쳐다보면서 지나가곤 했다. 장거리 기차여행을 할 때는, 아예 수면용 안대를 하고 귓속마개를 끼고 기차 안에서도 고요하고 편안하게 기도하면서 목적지까지 가곤 했다. 필자는 밖에서 기도할 때는 주변이 시끄러워서 집중에 방해되므로 수영용 귓속마개를 항상 휴대하면서 수시로 착용하고 기도했다. 여하튼 필자는 틈이 나면 지체 없이 하나님을 부르는 기도를 했다. 그리고 차 안에 좌식의자를 싣고 다니면서, 여름철에는 나무 그늘에 깔판을 깔고 좌식의자에 앉아서 기도하곤 했다. 그래야 오래 기도해도 허리에 무리가 가지 않고 집중을 유지할 수 있다. 그렇게 10년이 넘어서 11년차가 되어서 성령께서 말을 걸어 오셨다. 성령께서는 필자에게, "너는 죽기 살기로 나를 찾아왔다."라고 말씀하셨으며, 기도의 사람이라는 영광스러운 칭호로 불러 주시기도 했다. 그 뒤로 성령의 능력을 기적과 이적으로 체험한 것만 2,000번이 넘는다. 그래서 필자가 지금까지의 기도를 바탕으로 하여, 쉬지 않고 기도하는 기도의 수준을 구체적으로 말씀드릴 수 있게 된 것이다. 필자가 24시간 쉬지 않고 기도했다고 할지라도, 성령의 증거나 능력, 열매가 없었다면 필자의 개인적인 기도방식에 불과했을 것이다. 그러나 성령께서 인정해 주시는 증거를 바탕으로, 필자가 해 온 기도방식을 하나님께서 인정해 주셨다고 증명하면서 이 말씀을 드리고 있다.

쉼 없는 기도는 하루 종일 하나님 생각이 떠나지 않고 기도하는 것이다

쉼 없는 기도를 모르는 크리스천은 없다. 그러나 대부분의 크리스천들은 쉼 없는 기도를 시도조차 하지 않는다. 왜 그런지 아는가? 여러 가지 이유가 있겠지만, 대부분 열심히 기도하라는 의미로 해석하여 받아들여서일 것이다. 아마도 대부분의 신앙인들은 쉼 없는 기도를 가르치는 목회자들을 본 적이 없을 것이며, 쉼 없는 기도를 실천하는 이들도 본 적이 없을 것이다. 그래서 쉼 없는 기도를 자연사 박물관의 공룡화석을 보는 느낌으로 받아들인다. 그러면서 새벽기도나 작정기도, 릴레이기도 등의 방식으로 재해석해서 실천한다. 기도의 목적은 하나님께서 들어주시는 것이다. 그러나 자신의 기도가 아무런 응답이 없어도 개의치 않는다. 그냥 성실하게 열심히 기도했다는 것으로 만족해한다. 그러나 결과나 열매가 없어도 괜찮고, 응답이 내려오지 않아도 상관없는 기도를 할 필요가 있을까? 왜 우리네 교회의 기도가 희생적인 기도행위로 변질되었는가? 그 이유는 성경의 명령대로 기도하지 않았기 때문이다. 성경대로 기도하지 않는데, 어떻게 응답이 내려오고 기도의 능력이 주어지겠는가? 쉬지 않는 기도가 어떤 기도인지 구체적으로 가르치는 사람은 자신의 기도를 통해 성경의 약속을 얻어 낸 것으로 증명해 보여야 한다. 그렇지 않다면 이런저런 형식적인 기도방식을 가르칠 수밖에 없을 것이다. 말하자면 자신의 기도를 통해 하나님의 능력과 응답을 증명한 사람만이 성경에서 말하는 기도를 가르치고 훈련시킬 수 있을 것이다.

기도가 하나님을 만나는 것이라는 것은 인정한다면, 기도를 통해 하나님을 만나 동행하는 사람이 되었다는 것을 증명해야 하는 것이다. 하나님과 동행하는 사람은 성경의 위인들처럼 전지전능한 하나님의 능력을 삶에서 드러내는 사람이다. 그렇다면 로또복권 1등에 당첨된 사람과 비교할 수 있겠는가? 아니, 대통령이나 재벌 회장이 된 것과도 비교할 수 없을 것이다. 대통령도 5년의 임기를 마치면 평민으로 돌아가며, 권력 남용의 죄목으로 교도소로 직행하는 이들도 허다하다. 재벌 회장이라면 평생 쓰고도 남을 돈이야 있겠지만, 건강이나 가족관계, 자녀들의 재산 다툼 등의 문제로 골머리를 앓는 이들도 적지 않다. 그러나 하나님이 함께하시는 성령의 사람이 된다면 이들이 부럽겠는가? 그런데 쉬지 않고 하나님을 찾아오는 기도만 하면 이런 사람이 된다는 게 놀랍지 않은가? 그런데도 왜 사람들은 이런 기도를 할 생각조차 하지 않는지 기가 막히다. 하나님의 사람이 되는 것을 부자가 되는 것보다 하찮게 여기고 있으니 하나님이 찾아오시겠는가? 필자는 이 기도를 한 뒤 세상 부럽지 않은 사람이 되었다. 재산은 없지만, 삶의 필요에 부족함이 없고 건강한 육체를 유지하고 있으며 가족과도 더없이 행복하게 지내면서 영혼이 언제나 즐겁고 평안하다. 성령께서는 필자에게 필요를 넉넉하게 채워 주는 사람을 보내 줄 것이라고 약속하셨으며, 산과 강이 있는 곳으로 너희 부부를 보내는 것은 기도훈련과 더불어 쉼 있는 인생을 주기 위함이라고 말씀하셨다. 필자가 한 것은 하루 종일 기도하려고 애쓰고, 기도하면서 하루해를 보낸 것밖에는 없다. 그래서 오늘도 필자가 누리는 행복을 여러분에게 말씀드리고 있는 중이다. 만약 필자의 주장이 진짜라면, 누구라도 이 기도를 하지 않겠는가? 필자는 쉬지 않는 기도를 통해 성경에서 약속한 하나님의 축복을 경험하면서 이 글을 쓰고 있다. 그러므로 당신도 그런 삶을 누리려면 필자가 해 왔던 기도를 철저하게 따라 해야 할 것이다.

쉬지 않고 기도하려면 삶의 가지치기를 철저하게 해야 한다

쉬지 않는 기도를 하려면 하나님을 만나는 것에 삶의 모든 것을 걸어야 한다. 많은 이들이 이 기도를 하고 싶어도 직장이나 자영업, 돌보아야 할 자녀, 해야 할 많은 가정일 때문에 쉬지 않는 기도를 하기 어렵다고 한다. 물론 쉬지 않는 기도를 하려면 많은 것들을 내려놓아야 한다. 그래서 기도훈련생들조차 자신이 할 수 있는 만큼, 혹은 자신이 하고 싶은 만큼 기도하곤 한다. 이는 기도의 기준을 자신에게 두고 하는 것이지, 크리스천들이 입만 열면 주인이라고 고백하고 있는 하나님의 기준이 아니다. 당신이 쉼 없는 기도를 결심했다면, 쉼 없는 기도를 통해 얻어질 유익과 능력에 대한 기대감이 있을 것이다. 성령이 자신 안에 들어오시면 전지전능한 성령의 사람이 되는 것이다. 그렇다면 먹고사는 일을 걱정하지 않으며 하는 일마다 순적하고 형통하게 될 것이고, 평안과 행복을 누리며 살게 될 것이다. 당신이 성실하게 직장을 다니고 아침부터 밤늦게까지 점포 문을 열고 있으며, 온 정성을 다해 가정을 꾸리며 자녀를 양육하는 목적도 이와 다르지 않을 것이다. 그러나 당신의 힘으로 행복하게 사는 게 불가능하다는 것도 알게 되었고, 그래서 예수를 믿고 교회에 나오게 되었으며 기도에 지대한 관심을 갖는 이유도 그럴 것이다.

그렇다면 둘 중의 하나는 포기해야 하지 않겠는가? 하나님이 전능하시다는 것을 굳게 믿고 있다면, 하나님이 기뻐하는 뜻을 위해서 자신의 지식과 경험, 지혜와 생각을 버려야 할 것이다. 그러나 자신의 생각이나 계획을 포기하지 않으면서, 하나님의 도우심과 축복을 바라는 것은 어불성설이다. 성경적인 믿음이란 자기확신이 아니라, 하나님의 선하심과 약속을 굳게 믿고 자신의 생각을 포기하는 것이다. 그러므로 쉬지 않고 기도하는 것이 하나님의 뜻이라고 믿는다면, 쉬지 않고 기도하는 것에 방해되는 것은 내려놓고 포기해야 한다. 직장생활을 하시는 분들이라면 성실하게 업무를 하되, 승진이나 상관의 눈치를 보느라고 과도한 업무를 하는 것을 포기해야 한다. 그래서 한직을 전전하거나 승진에서 누락이 되더라도 감내해야 한다. 공무원이나 공기업이 아닌 사기업에 다닌다면 이런 결정이 쉽지 않은 일일 것이다. 물론 주어진 업무를 성실하게 해야 하지만, 그 이상 시간과 에너지를 쏟아붓는다면 쉼 없는 기도는 물 건너갔다고 보아야 한다.

자영업을 하는 사람들은 더욱 심각하다. 대부분 살고 있는 집을 담보로 대출을 얻어 점포를 얻고 음식점, 치킨집, 부동산임대업 등의 자영업을 시작했다면, 새벽부터 밤늦게까지 점포 문을 열더라도 적자를 면하기가 어려울 것이다. 그런데 쉼 없는 기도를 위해 늦게 점포 문을 열고 일찍 닫는다면 어떤 일이 발생할지 불 보듯 뻔한 일이다. 그러나 대부분의 자영업은 이런 프레임에 갇혀 있다. 그러므로 열심히 뛴다고 해도 사정은 별로 달라지지 않을 것이다. 그래서 당신이 이 기도를 선택한 것이 아니겠는가? 그렇다면 인본적인 생각이나 세상의 방식을 버리고 오직 전지전능한 하나님을 믿고 시작해야 할 것이다. 가정을 돌보는 전업주부라면 사정이 조금 낫겠지만, 청소나 육아, 남편이나 자녀를 돌보는 일도 끝이 보이지 않는 소모적인 노동을 필요로 한다. 그러므로 자신이 만족하는 수준을 유지하면서 이 기도를 병행할 수 없다. 매일 청소를 하였다면 일주일에 한두 번으로 줄여야 하겠고, 자녀를 챙기는 그동안의 방식도 많이 내려놓아야 할 것이다.

그밖에 개인적인 취미생활도 접어야 한다. TV나 영화, 친구, 쇼핑 등 시간과 에너지가 많이 소모되는 일은 포기해야 한다. 최소한의 운동을 위한 등산이나 산책 등은 필요하겠지만 횟수나 강도는 많이 줄여야 할 것이다. 특히 불필요하게 친한 사람들을 만나서 시간을 즐기는 것과 TV나 영화, 인터넷 게임, 꼭 필요한 물건을 구입하는 것을 제외한 취미생활 비슷한 쇼핑 등은 철저하게 끊어야 한다. 불가피한 것을 제외하고, 필요 상품의 구매방식은 인터넷으로 구입하는 것으로 바꾸어야 할 것이다. 하나님은 자신보다 더 사랑하는 다른 모든 것을 우상숭배라고 콕 집어서 말씀하셨고, 자신을 질투의 하나님이라고 소개하셨다. 그러므로 하나님을 만나기 위해 쉼 없는 기도를 결단했다면, 이 기도를 방해하는 모든 것을 철저하게 끊어 내고 내다 버려야 하는 것은 선택이 아니라 필수 사항이다.

필자는 25년 전에 이 기도를 시작하면서 취미나 운동을 포기했다. 이 기도를 하기 전에 사업에 실패하고 나서 인생이 무지막지하게 떠내려가던 때, 낚시를 하면서 많은 시간을 보냈다. 낚시는 많은 시간과 에너지를 소모하는 일이다. 그러므로 이 기도를 시작하면서 낚시를 접었다. 또한 필자는 농구를 즐겨했다. 30대에 들어서자마자 매일 1시간 이상 꾸준하게 해 왔다. 학교 운동장에서 하던 수준이 아니라, 동호회에 가입해서 경기하거나 농구대가 있는 체육관에서 매달 회원권을 구입해서 할 정도로 마니아였다. 그러나 이 기도를 시작하고 난 뒤 끊어 버렸다. 그러나 건강을 유지하는 운동까지 접은 것은 아니다. 아파트 근처의 하천변에 건설된 산책로를 꾸준하게 걷는 운동을 해 왔으며, 충주로 와서는 뒷산 임도를 일주일에 2번 이상 오르내리고 있다. 쉬지 않는 기도는 앉아서 있는 시간이 많으므로, 적당한 운동으로 몸 관리를 해 주어야 좋은 컨디션을 유지할 수 있다. TV나 영화, 인터넷 서핑이나 게임 등은 이미 끊은 지 오래고, 친척이나 친구를 만나는 일도 없으며, 사역을 위해 동료 목사를 만나지도 않는다. 유일한 취미라면, 사역이 없는 날 한가하면 아내와 함께 차를 타고 강변에 나가 산책하거나 기도하는 일이다. 삶의 가지치기는 기도를 방해하는 시간과 에너지 소모를 없애 주며, 기도할 때 잡념이 들어오는 일을 막아 주는 필수적인 일이다.

전심으로 하나님을 부르라

전심(全心)은 '마음을 다하여'라는 뜻의 한자어이다. 다른 번역에서는 '오로지 … 하기에 힘쓰다'라고 뜻을 풀어 놓기도 했다. 전심은 하나님을 만나거나 하나님이 기뻐하시는 사람이 되는 필수적인 요건이다. 하나님을 사랑하는 태도도 마찬가지이다. "너는 마음을 다하고 뜻을 다하고 힘을 다하여 네 하나님을 사랑하라"(신 6:5)고 명령하고 있다. '마음을 다하고 뜻을 다하고 힘을 다하여'라고 동의어를 반복하는 이유는 강조하기 위해서이다. 이와 같은 표현은 하나님을 섬길 때(신 11:13)나 신뢰할 때(잠 3:5), 찬양할 때(시 108:1)와 하나님의 명령을 지켜 행할 때(신 26:16)도 동일하게 나타난다. 그렇다면 하나님을 찾을 때도 마찬가지일 것이 분명하다. 당연히 하나님을 찾는 마음의 태도 역시 '마음을 다하고 뜻을 다하여'(신 4:29)이다.

앞서 말씀드린 대로, 필자가 맨 처음 하나님을 만나는 방식을 성경에서 찾아낸 구절이 마음을 다하고 뜻을 다하여 하나님을 찾으라는 신명기 4장 29절의 말씀이었다. 그러나 전심이라는 단어는 관념적이고 사변적인 의미로서 어떻게 찾으라는 것인지 구체적으로 말해 주고 있지 않다. 그래서 사람들마다 자신들이 그렇게 하나님을 찾고 있다고 주장하면 판정을 내리기가 쉽지 않다. 그러나 자신들이 전심으로 하나님을 찾았다면, 성경에 약속한 대로 하나님을 만났어야 하지 않겠는가? 하나님은 자신이 하신 약속을 틀림없이 지키시는 분이시기 때문이다. 전심으로 하나님을 찾았다는 사실을 증명하는 것은 어렵지 않다. 하나님을 만난 증거로 보여 주면 된다. 그러나 우리네 교회는 이런 주장에 꿀 먹은 벙어리이다. 성경의 구절을 굳게 믿으면 된다는 말로 다그치면서 덮어 둔다. 그리고 성령이 찾아오셨으니 의심하지 말고 받아들이라고 가르치고 있다. 성령이 누구신가? 전지전능한 하나님이시다. 전지전능한 하나님이 자신 안에 들어오셔서 거주하시고 통치하시는데 왜 자신이 이런 사실을 알 수 없는 것일까? 그래서 이런 의구심을 드러내면, 성령이 계시기는 하지만 역사하지 않으시니까 성령충만을 받으라는 대답으로 돌아온다. 그들이 말하는 성령충만을 받는 방식은 드럼과 키보드 등의 타악기가 어우러진 열정적인 찬양집회에서 뜨겁게 찬양을 하고 율동을 하다가 통성으로 기도하면서 시원한 카타르시스를 경험하는 것이다. 그게 성령충만이라고 말한다. 그러나 집회가 끝나자마자 예전의 건조하고 냉랭한 마음으로 되돌아오곤 한다. 마치 나이트클럽이나 노래방에서 열창을 하다가 문을 나서기가 무섭게 가라앉는 마음과 다르지 않다. 아니, 무소부재하시는 하나님이 콘서트장을 방불케 하는 찬양집회에서만 존재감을 드러내시는 분이라니, 기가 막히지 않은가? 그러나 성령이 안 계시다고는 못 하겠고, 성령이 계시다는 것을 억지로 꿰맞추다 보니 이런 기이한 해프닝이 벌어지는 것이다.

그렇다면 전심으로 하나님을 찾아내서, 하나님과 동행한 성경의 위인들의 기도방식을 벤치마킹해야 하지 않겠는가? 하나님과 동행한 성경의 인물들은 많지만, 성경은 그들의 기도방식을 구체적으로 전하고 있지 않다. 그러나 전혀 없는 것은 아니다. 야곱에 얍복강가에서 천사와 씨름한 사건이 그렇고, 예수님이 겟세마네 동산에서 용을 쓰며 기도한 사건이 이를 잘 말해 주고 있다. 다니엘은 정적이 보는 앞에서 예루살렘으로 난 창문을 열고 하루 3번의 기도를 규칙적으로 드렸다. 신약시대의 사도들도 역시 경건한 유대인들이 그랬던 것처럼, 하루 3번씩 시간을 정해 놓고 기도하는 습관을 들였다. 그러나 우리네 교회는 이런 기도를 따라 하지 않는다. 그래서 우리네 교회에 성경의 위인처럼 하나님과 만나서 동행하는 사람을 찾아보기가 어렵다. 우리네 교회에서는 전심으로 기도하라는 내용을 희생적인 기도행위로 바꾸어서 신앙생활에 적용했다. 교회의 새벽기도회에 참석하거나 기도기간을 정해 놓고 기도하는 작정기도, 아예 기도원에 짐 싸 들고 올라가서 금식을 선포하며 기도하고, 심지어는 1,000일 동안 기도하러 나올 때마다 헌금봉투를 드리고 기도해야 한다는, 무당의 전유물인 기복신앙의 기도방식까지 등장했다. 말하자면 희생적인 기도행위가 전심으로 기도하는 것이라고 자의적으로 해석한 탓이다. 이처럼 우리네 교회에서는 전심으로 기도하는 의미조차 자의적으로 해석해서 적용하고 있으니 기가 막힌 일이다. 결국 전심으로 기도하는 구체적인 내용은, 전심으로 기도해서 하나님을 만난 사람들이 정확한 답변을 해 줄 수 있을 것이다.

필자가 하나님을 만나기 위해 성경에서 찾아낸 기도의 방식은 전심으로 기도하라는 것과 쉬지 말고 기도하라는 것이었고, 기도의 내용은 말할 것도 없이 하나님을 찾고 부르는 것이었다. 그래서 이 구절을 그대로 기도에 적용했다. 그렇게 10년이 흐르고 나서, 성령께서는 "너는 나를 죽기 살기로 찾아왔다."라고 말씀해 주셨고, 기도의 종이라는 감당하기 어려운 칭찬의 말씀도 해 주셨다. 필자가 전심으로 기도한 방식은 하루 종일 하나님을 부르는 기도를 하는 것이었다. 그래서 하루 종일 기도하려고 애쓰거나 틈을 내서 기도하는 일에 몰두하였다. 나중에 성령께서는 전심으로 기도하는 것은 쉬지 않고 기도하는 것이라는 설명을 해 주시기도 하였다. 그러나 성령께서 필자에게 해 주신 이야기라는 것을 어떻게 믿을 수 있겠는가? 그 증명은 사도행전에서 밝히는 대로 성령의 증거와 변화, 능력과 열매를 통해 입증해야 할 것이며, 그 일은 오로지 독자의 몫이기도 하다. 필자가 이 기도를 시작한 지 25년의 세월이 흘렀으며, 충주에 영성학교를 열고 사역을 시작한 지 10년이 넘었다. 그동안 1,000명이 넘는 사람이 찾아왔고 수백 명의 사람들이 기도훈련을 시작하였으며, 수많은 기적과 이적으로 귀신이 쫓겨나고 귀신들이 일으킨 정신질환과 고질병을 치유하면서 기도훈련을 진행하고 있다. 필자와 같은 성령의 능력이 드러나는 사람들은 소수이지만, 많은 이들이 희망을 갖고 기도훈련에 전념하고 있다. 필자 역시 10년의 적지 않은 기간 동안 하루 종일 하나님을 떠올리며 기도하려고 애쓰는 시간이 필요했으니까,

이들도 머지않아 하루 종일 기도하는 습관을 들여서 성령의 사람이 되는 날이 올 것을 믿어 의심치 않는다.

기도의 집중력을 높이라

우리네 교회에서는 성령이 임재하는 증거로 방언을 들고 있다. 그래서 방언 받기를 소원하고, 심지어는 혀를 꼬고 할렐루야를 빠른 속도로 반복하면 방언을 받을 수 있다고 가르치는 목회자들도 있다. 그러나 이렇게 인위적으로 받는 방언이 성령이 주시는 방언일까? 미혹의 영이 거짓 예언을 넣어 주어 속이는 일은 가능한데, 가짜 방언으로 속이는 것은 어려운 일일까? 방언기도를 유창하게 하는 수많은 크리스천들이 다른 성령의 은사는 차치하고, 왜 무능하고 무기력한 믿음으로 고단하고 팍팍하게 살고 있는지 누가 말씀 좀 해 주시라. 성경은 믿는 자의 표적의 첫 번째가 새 방언을 말하는 것이라고 하는데, 똑같은 음절을 평생 반복하는 이들도 적지 않다. 대다수의 교인들은 기도 시에 방언으로 기도한다. 방언으로 기도해 보신 분들은 잘 알고 있지만, 오랫동안 기도할 수 있고 기도하는 게 어렵지 않다고 한다. 방언기도의 목적이 기도를 오래 하고 쉽게 기도하기 위해서 사용하는 것이라고? 방언의 은사는 하나님을 모르는 외국인들에게 자신들의 언어를 말함으로써 전지전능한 하나님의 존재를 인정하게 하려고 주신 것이다. 그런데 기도를 쉽게, 또한 오래 하기 위한 목적으로 방언을 이용한다니 기가 막히는 일이다. 필자를 찾아온 대부분의 사람들이 방언기도를 유창하게 했다. 그러나 고질병과 정신질환을 치유하고 각종 삶의 지난한 문제를 해결하기 위해 찾아왔다.

그래서 필자는 기도훈련을 요청하면서 방언기도를 중지하라고 권면했다. 그랬더니 많은 이들이 비성경적이라고 고개를 갸우뚱했다. 그들이 받은 방언이 성령이 주시는 것이라면 왜 정신질환과 고질병, 삶의 지난한 문제를 해결받지 못하고 있었을까? 성령께서는 방언은 주실 수 있는데 고질병은 못 고치는 분이신가? 그리고 방언으로 기도하면 기도훈련 따위가 무슨 필요가 있겠는가? 그래서 나중에 성령이 내주하여 동행하는 삶을 살게 되면, 그때 자유롭게 방언기도를 하라고 덧붙였다. 성령이 하시는 일을 필자가 어떻게 금지할 수 있겠는가? 기도란 정신집중을 필요로 한다. 그런데 방언기도는 자신이 무슨 기도를 하는지 모르는 기도이다. 그러므로 정신집중 따위가 필요 없다는 말이다. 성령이 강권적으로 주시는 방언은 시작과 끝을 자의적으로 변경할 수 없다. 그러나 자의적으로 시작하고 끝을 맺는 방언기도는 성령이 주시는 것일 수가 없다. 어쨌든 기도란 하나님의 영과 내 영혼이 깊고 친밀한 교제를 나누는 통로이다. 그러므로 정신을 집중해서 자신이 하는 기도의 내용을 하나님께 전달해야 하는 것이다.

하나님을 부르는 내용이라면, 그냥 막연하게 하나님을 부르는 것보다 구체적으로 "하나님 내게 와 주세요. 나를 다스려 주세요. 통치해 주세요. 하나님은 나의 왕이시고 주인이십니다. 나는 당신의 종입니다."라고 구체적인 문장으로 기도한다면 집중력 있게 기도할 수 있을 것이다. 회개기도를 하려면, 구체적인 자신의 죄를 떠올리며 내어놓고 회개해야 할 것이다. 막연하게 "지난날의 죄를 회개합니다."라는 투의 회개는 간절함도 진정성도 결여된다. 감사기도 역시 독생자 예수님을 사지(死地)로 보내 주신 하나님의 사랑과 끔찍한 십자가의 고통을 떠올리며 예수님의 사랑에 감사하고, 그동안 삶의 과정에서 베풀어 주신 은혜와 사랑을 낱낱이 짚어가며 감사해야 할 것이다. 하나님의 뜻을 간구하는 기도 역시 자신이 원하는 소원이나 삶의 문제를 해결해 달라는 내용보다, 하나님의 나라와 뜻을 이루는 데 필수적인 능력과 도우심을 구체적으로 나열하면서 간구해야 할 것이다.

중보기도 역시 중보하는 사람과 그 내용을 구체적으로 기도해야 한다. 이런 기도는 극도의 집중력을 요구한다. 기도할 때 잡념이 들어오거나 부정적인 생각이 들어올 때는 미혹의 영의 공격임을 인지하고, 예수 피를 외치면서 치열하게 싸워서 쫓아내야 한다. 집중력이 떨어지고 잡념이 들어오는 이유는 미혹의 영의 공격에 무지하며 기도훈련이 제대로 되어 있지 않기 때문이다. 특히 하나님을 부르는 기도는 항상 미혹의 영의 방해 공격을 받게 되어 있다. 기도의 집중을 방해하는 미혹의 영의 공격은 잡념만이 아니다. 관심사와 관련된 것, 신경이 쓰이는 일들로 공격을 받을 수 있다. 예를 들어 남자들은 업무나 정치, 스포츠 등에 대한 생각에 약하고, 여자들은 연예, 가정사, 가족 등에 관련한 생각에 약하다. 특히 여성들은 남성에 비해 걱정, 염려, 두려움, 불안 등의 부정적인 생각에 약하다. 그래서 이런 생각이 들어오면, 즉시 예수 피를 외치면서 싸워야 한다. 기도훈련이 잘 안 된 사람이거나, 부정적인 사건에 휘말렸을 때, 환경이나 상황이 바뀌었을 때 이런 공격이 심하다. 그럴 때는 기도하기 전에 예수 피로 생각을 쫓아내는 축출기도를 충분히 하고 나서 집중이 잘되는 느낌이 들 때 본격적인 기도로 들어가야 할 것이다.

성령께서 필자에게 기도의 포인트는 집중력이라고 말씀해 주셨다. 그러나 기도의 제목을 내어놓고 통성으로 외치는 기도는 집중력 따위가 필요 없을 것이다. 그러나 하나님의 이름을 부르는 기도나 성령과 깊고 친밀하게 교제하는 기도는 예외 없이 고도의 집중력을 필요로 한다. 특히 쉬지 않고 기도하는 습관을 들이기 위한 집중력을 키우지 않으면 기도시간이 고문이 따로 없을 것이다. 기도가 재미가 없고 기도하고 나서도 마음이 개운하지 못하기에, 기도하다가 중도에 포기하기 십상이다. 하나님과 깊고 친밀한 기도를 할 때 비로소 하나님이 주시는 평안과 기쁨을 누리게 된다. 기도의 습관이 들어야 기도의 내공이 쌓이는 게 아니고, 기도의 내공을 쌓아야 기도의 습관이 든다. 기도를 시작하면 깊게 몰입되는 고도의 집중력은 기도의 내공에 필수적이다. 그러므로 고도의 집중력을 얻기 위해서는 정신을 나뉘게 하거나 산만하게 하는 것들을 끊어 내야 한다. 특히 TV나 영화, 드라마, 게임, 친구들과 수다 등은 시간을 허비하게 만들기도 하지만, 기도할 때 잡생각이 마구 들어오는 창구가 되어 기도를 방해하기 일쑤이므로, 철저하게 가지치기를 하여 기도를 방해하는 원천을 없애야 한다. 또한 충분한 수면과 쉼도 필요하다. 잠이 부족하면 기도할 때 졸기 쉽고, 육체적으로나 정신적인 피로를 충분히 풀어 주지 않으면 기도할 때 멍하거나 집중이 되지 않는 원인을 제공한다. 뭐니 뭐니 해도 최고의 집중력을 얻는 비결은 자주 기도해서 기도시간이 오랫동안 끊이지 않도록 해야 하며, 기도할 때마다 전심으로 기도하는 것이다.

성령께서 찾아오시는 기도의 수준은 다음의 말씀에서 알 수 있다.

입으로 나를 찾는 자는 기도의 본질을 모르는 자다. 기도의 본질은 나이고 자기도 알 수 없는 자를 만나는 것이므로, 그분이 누구인지 알려면 마음으로 만날 분을 사모하고 이름을 부르면서 자기에게 오시도록 마음을 다하고 뜻을 다하여야 한다. 보이지 아니하고 들리지 아니한다 해도, 나를 찾아주시도록, 오직 기도하는 일에 모든 집중을 다해서 일상에서도 기도하는 마음이 떠나지 아니하고 자기에게 오시도록 집요하게 조르는 것이다. 모든 이들이 이 기도를 하지 않고 중도에 포기하고, 내가 그를 만나려고, 주리고 목마른 자가 오로지 나를 찾고자 하는 혹독한 마음을 읽었을 때 내가 그를 만나려고 하고 있는데, 그들은 중도에 포기하고 자기들의 입으로 하나님은 자기에게 오시지 않는다고 불평만 하고 있다. 이렇게 기도하는 자는 어떤 일에서도 인내하지 아니하고 자기 고집대로 모든 일을, 하나님 없이도 자기의 일을 하겠다는 사람이다. 이런 사람은 나를 만날 수도 나는 그런 사람의 아버지도 아님을 알 것이라. 모든 사람들이 이런 기도를 하고 정성스럽고 끈질긴 자들이 나를 만나는 것이지, 조급하고 자기중심으로 나를 만나려고 하는 사람은 나도 그들을 만날 수 없다는 걸 알려라.

　　위의 내용은 성령께서 말씀해 주신 것을 옮겨 드린 것이다. 이 말씀은 필자가 하나님을 부르는 기도를 한 지 10년이 지났을 무렵, 어느 날 성령께서 말을 걸어오시면서 책으로 2권이 넘는 분량의 얘기를 해 주셨으며, 그 내용들을 기록하고 알리라고 명령하셨기에 올려 드린 것이다. 위 내용들은 어떤 마음의 태도로 기도해야 하나님께서 찾아오시는지를 구체적으로 말씀해 주고 계시다. 포기하지 않고 혹독하게 하나님을 찾아오는 사람들에게 만나 주신다고 말이다. 그러나 아쉽게도 우리네 교회는 기도의 목적이 하나님을 만나는 것이 아니라서, 하나님을 찾는 기도에 대해서 가르치지도 않고 배울 생각도 없다. 성경을 보라. 하나님을 만나려면 마음을 다하여 찾아야 한다는 말씀을 성경 곳곳에 도배하다시피 하고 있으며, 예수님을 3년 반이나 따라다녔던 사도들과 제자들조차 마가요한의 다락방에서 몇 날 며칠을 전심으로 기도한 끝에 성령이 찾아오셨다는 것은 여러분도 잘 알고 계실 것이다. 그러므로 이런 태도로 기도하지 않는 이들은 성령이 찾아오실 리가 만무하다는 것을 명심하시라.

어떤 방식과 자세로 기도해야 하는가?

하나님을 만나는 기도의 포인트는 하루 종일 하나님 생각이 머리에서 떠나지 않고 있어야 한다. 방해받지 않는 시간을 내어 규칙적으로 기도하는 것은 물론, 낮에도 틈을 내거나 틈이 나면 기도하는 습관을 들여야 한다. 일이나 공부 혹은 사람들과 대화하거나 집안일을 하고 있는 등 기도하지 않고 있을 때도 마음속에는 기도하려는 마음의 준비를 하고 있어야 한다. 그중에서도 가장 중요한 것은, 방해받지 않고 기도할 수 있는 시간이나 장소를 정해서 규칙적으로 기도하는 습관을 들여야 한다. 말하자면 아침에 일어나자마자 기도하거나 밤에 잠자리에 들기 전에 기도하는 습관은 필수적이다. 필자는 적어도 아침에 1시간, 밤에 1시간 기도할 것을 주문하고 있다. 물론 각자의 신분이나 직장에 따라 이런 시간을 내는 것이 쉽지 않은 사람도 적지 않을 것이다.

그러나 아침과 밤에 방해받지 않고 기도하는 습관을 들이지 않는다면 하나님을 만날 수 없는 것은 분명하다. 하나님을 만난다는 것은 천국에 들어가는 자격을 얻는 것은 물론, 전지전능한 하나님의 능력을 드러내는 기적의 사람이 되었다는 것을 의미하는 것인데 이런 마음의 자세가 없이 가능하겠는가? 어쨌든 하루 종일 기도하는 습관을 들이는 것은 몸도 마음도 쉽지 않다. 그러므로 처음부터 단단히 마음을 먹고 시작하여야 할 것이다. 필자는 그냥 열심히 기도하라고 주문하지 않는다. 필자가 어떻게 기도해서 성령께서 찾아오셨으며 그 후에도 쭉 동행하는 삶을 유지하고 있는지에 초점을 맞추어서 말씀드리는 것이다. 또한 필자의 훈련을 철저하게 따라 해서 필자처럼 귀신을 쫓아내고 귀신들이 일으킨 정신질환과 고질병을 치유하면서 필자와 같이 영혼구원 사역에 동참하는 제자들을 배출하였다는 것으로, 이 기도가 성경적이고 실제적인 기도임을 증명하고 있다. 그러므로 필자의 기도의 태도와 방식을 벤치마킹하는 것이 하나님을 만나는 가장 쉬운 길이다.

필자가 방해받지 않고 기도하는 시간을 재지는 않지만, 평균 하루에 5시간 정도 기도하고 있다. 그러나 시간이 중요하지 않다. 중요한 것은 기도에 힘쓰는 마음이다. 그러므로 하루에 2~3시간 기도를 하더라도 얼마든지 성령과 동행하는 삶을 누릴 수 있다. 그러나 기도하는 게 좋고, 기도하려고 애쓰고, 기도하는 것을 최우선순위에 두고 사는 사람에게 하나님이 찾아오시는 것은 분명하다. 그러므로 하나님을 만나는 기도의 습관을 들인 사람들은 서너 시간 기도하는 것이 일상이다. 이렇게 기도의 삶을 살려면 기도하는 태도나 기도방식, 또는 삶의 방식이 중요하다. 필자는 환갑이 훌쩍 넘은 나이이므로 오랫동안 앉아서 기도하려면 육체가 건강하고 근육이 튼튼해야 한다는 것을 누구보다 잘 알고 있다. 그래서 기도할 때는 등을 받쳐 주는 도구를 항상 사용하고 있다. 처음에는 딱딱한 베게 2개를 포개놓고 허리를 받쳐서 사용했지만, 지금은 좌식의자를 사용하고 있다. 좌식의자에 앉아서 허리에 부담을 주지 않고 기대어 기도하시기를 권한다.

또한 오랫동안 앉아 있으면 엉덩이 주변에 압력이 가해져서 상처가 나고 물집이 잡혀서 고생하게 된다. 그래서 필자는 엉덩이 보호 방석을 좌식의자 위에 놓고 앉아서 기도한다. 과거에 항문 주변이 무르고 피가 나서 고생한 기억이 있기 때문이다. 기도하는 장소가 소음이 심하다면 귓속마개를 사용하고, 밝은 빛 때문에 집중이 어려우면 수면용 안대를 사용하는 것도 좋다. 필자도 처음에는 이런 도구를 오랫동안 사용했었다. 또한 운동을 적절하게 해야 한다. 오랫동안 앉아 있으려면 체력이 받쳐주어야 한다. 마치 오랜 시간 정신을 집중해서 공부하는 학생들이 운동을 해서 체력을 길러야 하는 이유와 마찬가지이다. 그래서 필자는 주변 산으로 등산을 다니고 있다. 필자가 사는 곳은 시골이기 때문에 국유림에 임도가 나 있는 산이 있다. 등산 시간은 약 1시간 30분 정도이며, 일주일에 2~3번 등산을 규칙적으로 하면서 근육도 풀어 주고 건강도 챙기고 있다. 이렇게 운동하지 않으면 피로감이 쉽게 오며 몸이 찌뿌둥해서 기도에 집중이 잘되지 않는다.

기도하는 자세도 중요하다. 그래서 오랫동안 집중력을 유지하는 자세에 대해 고민을 많이 했으며 시행착오도 적지 않게 겪었다. 오랜 시간이 지나서야 비로소 정신은 육체와 함께 있기 때문에 육체를 긴장시켜야 기도에 몰입할 수 있다는 것을 깨닫게 되었다. 그러나 세간에서 하는 관상기도나 불가의 참선, 초월명상은 거꾸로다. 몸을 최대한 편하게 하고 마음을 느긋하게 하면서 마음에 떠오르는 생각을 잡으라고 한다. 이런 방식의 기도는 하나님의 영이 임하시기 전에 귀신의 영인 미혹의 영이 속이기 쉽다. 기도란 하나님의 이름을 부르며 찬양하고 경배하며 감사하고 회개하며 그분의 뜻을 요청하는 간구를 말한다. 즉 기도는 목적을 가지고 특정한 내용을 기도하는 것이다. 그러므로 자신이 기도하는 목적을 구체적인 내용으로 입으로 말하거나 생각으로 쏟아내는 것이다. 그러나 마음을 느긋하게 하고 어떤 생각이든지 편하게 받아들이라는 식의 기도는 성경적인 기도방식이 아니다. 필자가 요청하는 하나님을 부르는 기도는 귀신들이 가장 싫어하는 기도이다. 그러므로 이 기도를 시작하자마자 잡념이 들어오며 각종 부정적인 생각들이 쏟아져 들어오게 된다. 그러므로 집중력을 유지하려고 무진 애를 쓰지 않으면 잡념이나 공상에 빠지다가 꾸벅꾸벅 졸거나 더 이상 기도를 할 수 없게 될 것이다. 그래서 필자는 육체를 긴장시켜야 기도집중이 잘된다는 것을 알게 되었다. 또한 묵상으로 기도하는 것보다 통성으로 기도하는 것이 집중하는 데 용이하다. 그러나 통성으로 기도하는 것은 시간과 장소의 제한을 받는다. 그러므로 쉼 없는 기도를 하려면 묵상으로 기도하는 습관을 들여야 한다. 특히 집중력을 요하는 기도를 하려면 방해받지 않는 장소에서 규칙적으로 기도하는 습관이 무척이나 중요하다. 그러나 조용한 장소에서 기도한다고 하더라도 집중력을 유지하려면 육체를 긴장시켜야 한다. 육체를 긴장시키기 위해 처음에는 팔에 힘을 주고 허리를 흔들며 기도하였다. 그렇게 몇 년이 지나니까 팔이 너무 아파서 들 수가 없었다. 테니스 치는 이들이나 걸린다는 팔꿈치 엘보우가 생긴 것이다. 그래서 많은 고민을 하며 시행착오를 겪으면서 최소한의 힘으로 육체를 긴장시키는 방법을 알아내려고 노력하였다.

육체의 중심은 아랫배에 있어서 힘을 쓰는 사람들은 아랫배에 힘을 준다. 성악가도 역도선수도 죄다 아랫배에 힘을 주는 요령을 터득한다. 그래서 아랫배에 힘을 주는 방법을 생각해 보았다. 그렇게 하다가 2가지 방법을 터득했다. 먼저 크게 숨을 들이켜서 아주 조금씩 천천히 내쉬는 방법이다. 입을 조그맣게 벌리거나 입술을 조금 열고 이빨을 마주쳐서 조금씩 내쉬는 것이다. 그러면 숨이 빠져나가면서 배가 쪼그라지게 된다. 배가 쪼그라지게 하려면 배에 힘을 지속적으로 주어야 한다. 배에 힘을 주면서 온몸을 긴장시키는 것이다. 또 하나의 방식은 최소한의 힘으로 몸의 근육을 긴장시키는 것이다. 과도하게 힘을 주면 오랫동안 기도하지 못하게 되므로 최소한의 힘으로 몸의 근육을 긴장시키는 방법을 고민했다. 그래서 알아낸 것이, 팔을 허벅지나 배에 붙이고 힘을 주어 떠는 방식이다. 이 방법 역시 아랫배를 비롯한 몸 전체의 근육을 긴장시켜야 한다. 그러나 훈련이 되지 않으면 금세 피로하게 되며, 기도 동작에 신경 쓰느라고 기도에 집중하지 못하는 아이러니한 일이 생기기도 한다. 그러나 습관이 되면 이보다 더 집중이 잘되는 기도 동작은 없다. 어쨌든 오랫동안 집중하면서 기도하는 습관을 들이려면 방석을 깐 좌식의 자에 앉아서 몸을 긴장시키면서 기도해야 한다. 그러나 특정한 기도방식만을 강요하는 것은 아니다. 필자는 집중을 유지하는 데 도움이 될 수 있는 기도 도구와 동작을 알아내려고 애를 썼으며, 오랫동안 기도해 보고 성과가 검증되었기 때문에 알려드리는 것이다.

기적이 일어날 때까지 기도하라

예수께서 그들에게 항상 기도하고 낙심하지 말아야 할 것을 비유로 말씀하여 이르시되 어떤 도시에 하나님을 두려워하지 않고 사람을 무시하는 한 재판장이 있는데 그 도시에 한 과부가 있어 자주 그에게 가서 내 원수에 대한 나의 원한을 풀어 주소서 하되 그가 얼마 동안 듣지 아니하다가 후에 속으로 생각하되 내가 하나님을 두려워하지 않고 사람을 무시하나 이 과부가 나를 번거롭게 하니 내가 그 원한을 풀어 주리라 그렇지 않으면 늘 와서 나를 괴롭게 하리라 하였느니라 주께서 또 이르시되 불의한 재판장이 말한 것을 들으라 하물며 하나님께서 그 밤낮 부르짖는 택하신 자들의 원한을 풀어 주지 아니하시겠느냐 그들에게 오래 참으시겠느냐 내가 너희에게 이르노니 속히 그 원한을 풀어 주시리라 그러나 인자가 올 때에 세상에서 믿음을 보겠느냐 하시니라(눅 18:1~8)

위의 예수님의 말씀은 기도한다면 절대로 낙심치 말아야 한다는 교훈으로 불의한 재판장과 가난한 과부의 비유를 들고 있다. 그러나 이 비유의 끝은 인자가 올 때 세상에서 믿음을 보겠느냐는 불길한 예언으로 마치고 있다. 인자가 다시 올 때는 종말의 날에 예수님께서 심판주로 오시는 때를 말하는데, 그때 세상에서 믿음을 가진 사람을 거의 볼 수 없다는 불길한 진단이다. 예수를 믿고 주일성수만 하면 죄다 천국에 들어가는 믿음이 있다고 가르치는 우리네 교회의 가르침과 정반대되는 섬뜩한 말씀이다. 그러나 이에 대해 의심을 하는 것을 불신앙으로 가르치고 있으니 기가 막히는 일이다. 어쨌든 기도를 시작하면 응답이 올 때까지 절대로 낙심하지 않고 기도하는 것이 믿음의 본질이라는 것에는 의심할 나위가 없다. 하나님이 내려 주시는 응답이 바로 기적과 이적으로 증명되는 것이 아닌가? 그렇다면 기적이 일어날 때까지 기도해야 한다는 것이다. 그러나 우리네 교회에서는 기적에 대해서 말하는 것조차 꺼리고 있는 게 우리가 마주한 차가운 현실이다. 그래서 기적이 일어나는 원리에 대해 생각해 보자.

농구경기장에는 3점 슛 라인이 그려져 있다. 그 안에서 공이 들어가면 2점인 데 반해서, 3점 슛 라인 밖에서 공을 던져 들어가면 3점이 된다. 그러므로 선수들은 기회가 되면 3점 슛을 쏘려고 하는 게 당연한 것이다. 나라마다 3점 슛 거리는 조금씩 다르지만 대략 7m 정도이다. 일반인들이라면 3점 슛 라인 바깥에서 공을 던져서 림을 맞추는 것조차 힘겨울 것이다. 그런데 앞을 가리고 있는 거대한 덩치의 수비수를 뚫고 신속하게 던져서 공이 들어간다는 것은 묘기 중의 묘기일 것이다. 그러나 프로농구선수들은 이 묘기를 식은 죽 먹기로 하고 있다. 그 이유는 어릴 적부터 근력을 키우고 수백만 번이 넘는 실전연습을 통해 온몸의 감각이

골을 넣도록 진화되었기 때문이다. 일반인들이 선수들의 수준이 된다는 것은 상상할 수도 없을 것이다. 그러나 불가능한 일은 아니다. 당신도 헬스장에서 팔의 근육을 키우고 체육관에서 매일 수천 번의 슛을 연습하면 되는 날도 올 것이다. 그러나 그게 5년 뒤가 될지 10년 뒤가 될지는 당신이 연습하기에 달려 있다. 무척이나 어려운 일이라는 것은 사실이지만 불가능한 일이 아니라는 것은 분명하다.

기도로써 죽은 자를 살리고 불구를 회복시키며 정신질환과 고질병을 치유한다면 이를 기적이라고 말할 것이다. 그래서 하나님을 모르는 세상 사람들은 전지전능하신 하나님의 능력을 믿지 않는다. 반면 성경을 진리로 아는 크리스천들은 이를 인정하며 굳게 믿고 있다. 그러나 자신에게 기적이 일어나는 것을 기대하지 않는다. 참으로 기이한 일이다. 예수님은 겨자씨만 한 작은 믿음이라도 산을 옮기는 기적이 일어난다고 말씀하셨으며, 믿고 구하는 자들에게 응답이 내려올 것을 약속하셨다. 성경이 진리이신 하나님의 말씀이라는 것을 믿고 있다면, 이 말씀 또한 믿고 있다는 것이 아닌가? 그렇다면 왜 자신에게 이런 기적이 일어나지 않는지에 대해서 고민하며 자신의 믿음을 점검해 보아야 하지 않겠는가? 성경이 절대무오하며 불변하는 하나님의 말씀이라고 믿고 있는 교인들은 자신에게 천국에 들어가는 믿음이 있다고 철석같이 믿는데, 겨자씨만 한 믿음도 없다는 데는 왜 동의하지 않는가? 이는 모순이며 이율배반이지 않은가?

성경은 기적으로 시작해서 기적으로 끝나는 책이다. 하나님의 능력을 받은 성경의 위인들은 하나님의 능력을 드러내면서 하나님이 살아 계신 것을 증명했다. 그러나 이 시대의 우리네 교인들은 무능하고 무기력한 믿음으로 고단하고 팍팍하게 살아가고 있음에도 불구하고, 자신이 겨자 씨만 한 작은 믿음도 없다는 것은 인정하지 않으니 기가 막힌 일이다. 이는 교회에서 숭배하는 교단신학자들이 이 시대에는 초대교회에 나타난 성령의 능력은 더 이상 없다고 주장하는 것을 받아들여서, 교인들에게 그런 기적이 일어나지 않아도 안심하라고 등을 토닥거리고 있기 때문이다. 기적과 이적은 초대교회 당시에만 드러난 것이 아니라 하나님이 일하시는 일반적인 방식이다. 성경이 하나님의 말씀이며, 말씀이 육신이 되어 이 땅에 오신 하나님이 바로 예수 그리스도가 아니신가? 하나님은 기적과 이적으로 자신의 존재감을 드러내시는 분이시다. 그렇다면 예수 그리스도의 영이자 성령이 자신 안에 들어오셨다면 당연히 기적과 이적으로 하나님의 살아 계심을 삶의 현장에서 증명해야 하지 않겠는가? 그러면 왜 우리네 크리스천에게 기적과 이적이 일어나지 않는 것일까? 그것은 일반인들이 농구선수처럼 3점 슛을 넣지 못하는 이유와 같다. 일반인들도 농구선수처럼 팔의 근육을 키우고 하루에 수천 번씩 슛을 넣는 연습을 하면 3점 슛을 넣을 수 있다. 그러나 3점 슛을 넣는 선수를 보면서 경탄하기만 하고 자신은 그 선수처럼 훈련하고 연습하지 않기에 3점 슛을 넣을 수 없는 것이다. 하나님을 모르는 세상 사람이야 기적을 믿지 않는다고 해도, 전지전능하신 하나님을 믿으며 그분의 자녀들의 기도에 응답하신다는 것은 믿고 있는 크리스천이라면 기적이 내려오는 하나님의 잣대를 충족시켜야 하지 않겠는가?

여호와는 악인을 멀리 하시고 의인의 기도를 들으시느니라(잠 15:29)

그러므로 너희 죄를 서로 고백하며 병이 낫기를 위하여 서로 기도하라 의인의 간구는 역사하는 힘이 큼이니라(약 5:16)

하나님은 누구의 기도를 들어주시는가? 의인의 기도에 응답하신다고 말씀하고 계시다. 의인이란 하나님이 기뻐하시는 사람이다. 하나님은 자신의 명령에 절대순종하며 지키려고 무진 애를 쓰는 자들을 기뻐하신다는 것을 잘 알고 있을 것이다. 그중 가장 큰 계명이 마음을 다하여 하나님을 사랑하라는 것이다. 하나님을 사랑하는 자녀는 무엇을 해야 하는가? 바로 쉬지 않고 하나님의 이름을 부르며 성령과 깊고 친밀하게 교제하는 일이다. 그렇다면 쉬지 않고 하나님의 이름을 부르며 전심으로 성령의 내주를 간구하는 기도의 습관을 들여서 깊고 친밀하게 교제를 나누고 있어야 할 것이다. 그러나 교회 마당을 밟으면서 형식적인 예배 의식에 참석하고 희생적인 신앙행위를 반복하는 종교인들은 교회에 와서도 하나님을 만날 생각조차 없으니 기가 막히는 일이다. 대부분의 목회자들이 하루에 30분도 기도하지 않으며 대다수의 교인들 역시 하루에 10분도 기도하지 않는다. 이렇게 하나님을 마음에 두기 싫어하는데 어떻게 하나님이 기뻐하시는 의인이 될 수 있겠는가?

필자가 쉬지 않고 하나님을 부르는 기도를 시작한 지 25년이 넘었다. 그동안 2,000번이 넘는 기적을 경험했으며 지금도 현재진행형이다. 그래서 필자를 찾아온 수많은 이들에게 이 기도를 훈련시키면서 하나님의 기적을 경험하는 비결을 알려 주고 훈련시키고 있다. 3점 슛을 잘 넣은 선수는 어떻게 훈련하고 연습해야 3점 슛을 잘 넣을 수 있는지 가르칠 수 있다. 그러나 3점 슛을 넣어 본 적이 없는 일반인들은 책을 보고 이론을 말해 줄 수는 있지만, 정작 근육을 키우고 몸이 자동적으로 반응하는 수준의 훈련은 시킬 수 없다. 이처럼 기적이 일어나는 기도를 경험한 사람만이 기적을 불러일으키는 기도를 훈련시킬 수 있다. 그러나 이 시대에는 초대교회처럼 성령의 능력이 일어나지 않는다고 가르치는 목회자들은 성경을 왜곡하고 비틀어 버리는 악한 목자들이다. 그들은 자신에게 성령의 능력이 없음을 통회하며 회개할 생각이 없이, 무지하고 어리석은 양들을 약탈하는 삯꾼 목자들이기 때문이다.

성경의 내용대로 기도하라

베드로가 이르되 너희가 회개하여 각각 예수 그리스도의 이름으로 세례를 받고 죄 사함을 받으라 그리하면 성령의 선물을 받으리니 이 약속은 너희와 너희 자녀와 모든 먼 데 사람 곧 주 우리 하나님이 얼마든지 부르시는 자들에게 하신 것이라 하고 또 여러 말로 확증하며 권하여 이르되 너희가 이 패역한 세대에서 구원을 받으라 하니 그 말을 받은 사람들은 세례를 받으매 이 날에 신도의 수

가 삼천이나 더하더라 그들이 사도의 가르침을 받아 서로 교제하

고 떡을 떼며 오로지 기도하기를 힘쓰니라(행 2:38~42)

위의 구절은 베드로의 설교로 예루살렘 교회에 입교한 초대교회 교인들에게, 사도들이 자신과 같이 성령이 임하는 기도를 훈련시키는 장면을 소개하고 있다. 그들이 초대교회의 교인이 되자마자 사도들은 그들에게 오로지 기도하기를 힘쓰도록 훈련시키고 있다. 그렇다면 그들이 무슨 기도를 했겠는가? 우리네 교인들처럼 새벽기도나 작정기도를 하며 자신의 유익을 구하는 기도, 삶의 문제를 해결해 달라는 기도를 했겠는가? 당연히 그들은 사도들과 마찬가지로 성령의 임재를 간구하는 기도를 했을 것이다. 그 기도를 한 사람 중에서 빌립 집사나 스데반 집사와 같은 성령의 능력을 드러내는 제자들이 배출되었다. 그러나 우리네 교회에서는 그런 성령의 능력은 초대교회에만 일어난 사건이고, 성경이 완성된 이 시대에는 더 이상 필요 없다고 가르치고 있다. 그러나 성경에는 그런 말이 전혀 없다. 그래서 성경에서 명령하는 기도방식을 살펴보도록 하겠다.

쉬지 말고 기도하라 … 이것이 그리스도 예수 안에서 너희를 향하신 하나님의 뜻이니라(살전 5:17~18)

기도를 계속하고 기도에 감사함으로 깨어 있으라(골 4:2)

이러므로 너희는 장차 올 이 모든 일을 능히 피하고 인자 앞에 서
도록 **항상 기도하며** 깨어 있으라 하시니라(눅 21:36)

모든 기도와 간구를 하되 **항상 성령 안에서 기도하고** 이를 위하여
깨어 구하기를 항상 힘쓰며 여러 성도를 위하여 구하라(엡 6:18)

성경에서 가장 빈번하게 나오는 기도의 방식을 올려놓았다. 쉬지 말
고 기도하고, 기도를 계속하고, 항상 기도하라는 말씀이다. 이 말씀은 예
수님의 명령이기도 하고 사도들의 권면이기도 하다. 나중에 성령께서
필자에게, 네가 내 안에 있고 내가 네 안에 있는 기도의 방식이 쉬지 않
고 기도하는 것이라고 말씀하셨다. 필자가 25년 전에 하나님께 기회를
달라고 애걸복걸하면서, 하나님을 만나는 방식으로 성경에서 찾아낸 기
도의 방식이기도 하다. 즉 하나님을 만나려면 쉬지 않고 항상, 하나님의
이름을 부르며 그의 얼굴을 구하는 기도를 해야 한다. 그래서 그날부터
필자는 하나님을 부르는 기도를 시작했다. 그러나 쉬지 않고 항상 기도
하는 것이 어느 정도의 빈도와 강도로 기도하는 것인지 알지 못했다. 아
침과 밤에 집에서 기도를 하고, 낮에도 일을 하면서 틈틈이 기도를 하곤
했다. 그러나 필자가 기도하는 모습이 성경에서 말하는 쉬지 말고 기도

하라는 명령을 충족시키는 것인지 확인할 길이 없었다. 몇 년을 기도해도 아무 일도 일어나지 않았다. 그러면서 필자는 쉬지 않고 하루 종일 기도해 보자는 결심으로 세월을 보냈다고 해도 과언이 아니었다. 그러나 아무리 기도해도 방언이나 성령의 능력이 일어나지 않았다. 사실 방언은 그전 교회에 다닐 때 오랫동안 했었으며, 방언찬송까지 하는 것을 성령이 함께하시는 증거로 철석같이 믿었었다. 그러나 필자의 인생에 하나님이 함께하시는 증거가 없다는 것을 인정할 수밖에 없었으므로 방언기도를 하지 않게 되었다. 나중에 알았지만, 그때의 방언기도는 성령이 임재하는 증거로서의 방언이 아니라, 귀신이 속여서 넣어 주는 자의적인 방언이었다는 것을 깨닫게 되었다.

그렇게 10년이 지나서 성령께서 필자에게 나타나셔서 필자가 앞으로 해야 할 사역에 대해 말씀해 주셨고, 귀신의 활동성과 공격계략을 배우면서 귀신을 쫓아내는 기도에 대해 집중적인 훈련을 받게 되었다. 그때 성령께서는 필자가 죽기 살기로 기도했다고 하시면서, 필자 부부의 기도가 하늘에 상달되었다고 말씀해 주시기도 하셨다. 그리고 3년의 훈련을 마치고 충주에 영성학교를 열어 주시고 양들을 보내 주셔서 기도 훈련 사역을 시작했다. 사역을 시작하고 5년쯤 되자 훈련받은 사람이 1,000여 명을 넘어서고 공동체 식구도 150여 명이 되었는데, 이들이 성령의 사람이 되지 않는 문제와 고민이 생기게 되었다. 그래서 필자가 기도를 시작한 그때 그 시절로 돌아가서 필자가 어떻게 기도하였는지 말씀드리고 싶다.

필자는 하루 종일 기도하려고 애썼다. 최소한의 생계비를 버는 노동 외에는 오직 하루 종일 하나님을 부르면서 하루해를 보냈다. 운전하거나 운동하거나 병원에서 차례를 기다리거나, 혼자 있는 시간이 되면 자동적으로 하나님을 불렀다. 처음에 2~3년 동안은 그런 습관이 들지 않았지만, 3년이 지난 이후부터는 매일 그렇게 기도하려고 무진 애를 썼다. 그래서 언제부터인가, 하나님 생각이 머리를 빼곡하게 채웠다. 문득 문득 하나님 생각이 나곤 했다. 아침에 일어나면서부터 잠자리에 드는 시간까지 혼자 있을 때면 자동적으로 하나님 생각이 났다. 그래서 필자는 혼자 있는 시간을 만들려고 삶의 가지치기를 하게 되었다. 친구도 안 만나고 취미도 죄다 끊었다. 먹고살기 위해서 필요한 일만 하고, 가정사에 꼭 필요한 모임에만 참석하고 개인적으로 하는 일은 다 없애 버렸다. 일하지 않는 날은, 금강수계의 한적한 자연을 찾아 하루 종일 기도하고 칼럼을 쓰면서 시간을 보냈다.

영성학교의 문을 연 지 10년이 넘어선 지금의 시점에서 보면, 식구 중의 1/3은 성령의 능력을 소유한 상태라고 볼 수 있고, 1/3은 어느 정도 접근한 상태이며, 1/3은 여전히 많이 못 미치는 상태라서 초심으로 돌아가서 훈련에 열정을 쏟아부어야 한다.

쉬지 않는 기도는 성령께서 능력을 주셔야 가능하지만, 먼저 쉬지 않는 기도를 하려고 최선을 다해야 한다. 아침과 밤에 방해받지 않은 시간에 집중적으로 기도하는 것은 필수이지만 그게 전부가 아니다. 낮에 일을 하거나 가정일을 하는 와중에도 혼자 있는 시간이 되면 자동적으로 하나님을 부르고 있어야 한다. 그래서 필자가 기도하는 기계가 되어야 한다고 말하는 것이다. 그렇게 하나님을 만나고 싶어하는 결연한 마음의 태도가 없다면 쉬지 않는 기도는 언감생심이다.

무슨 내용을 기도해야 하는가?

주기도문은 예수님이 가르쳐 주신 기도문으로 성경의 대표적인 기도문이다. 필자는 오래전에 방황하던 삶에서 돌아와 사역을 결심하고, 그 동안 교회에서 배워 왔지만 아무런 열매가 없었던 신앙의 관행들을 쓰레기통에 버리고 성경을 뒤져 가며 하나님의 뜻을 찾기 시작했다. 그중에서도 가장 시급하게 찾았던 것이 기도방식이었다. 필자가 찾아낸 성경의 기도방식은 대략 2가지였다. 하나는 '전심으로 기도하라'이고, 다른하나는 '쉬지 말고 기도하라'였다. 그렇지만 우리네 교회에서 이런 성경의 기도방식을 가르치는 데는 거의 없다. 희한한 일이다.

그런 후에 필자는 무슨 내용으로 기도할 것인가를 찾기 시작했다. 그러자 그리 어렵지 않게 필자의 눈에 가장 많이 들어온 내용이 '하나님을 찾으라'였다. 전심으로 찾고, 간절히 찾고, 영혼과 마음을 다해서 찾으라는 내용이 수도 없이 성경에서 튀어나왔다. 하나님을 찾는다는 말은 하나님의 이름을 부른다는 것과 일맥상통하는 말이다. 말하자면, 주의 이름을 부르는 자는 구원을 얻는다는 뜻이다. 그래서 그때부터 하나님을 전심으로 쉬지 않고 부르며 찾기 시작했다. 그러고 나서 약 6개월 뒤에 성령의 임재를 경험하기 시작했다. 필자가 말하는 내적 증거가 나타나기 시작한 것이다. 성령의 내적 증거는 기도할 때 쫙 몰입이 되는 현상이고, 일상의 삶에서 평안과 기쁨, 자유함을 누리는 것이다. 그러자 고민이 되었다. 앞으로도 계속 하나님을 불러야 할지, 아니면 다른 내용의 기도를 더해야 할지 성경을 뒤져 가며 찾기 시작했다. 그때 가장 먼저 눈에 띈 게 주기도문이었다. 그 이후로 주기도문을 추가하면서 기도하기 시작했다. 물론 지금은 주기도문 이외에도 바울이나 시편의 기도문을 곱씹으며 기도하고, 성령께서 요구하는 기도와 중보기도도 하고 있다. 그러나 주기도문을 하나하나 곱씹으며 나열하는 기도는, 하나님을 부르는 기도와 더불어 필자의 기도의 핵심인 것은 두말할 나위가 없다. 그래서 주기도문의 내용을 기반으로 기도하는 습관을 들인 것은 당연하다. 그래서 주기도문의 내용을 살펴보고 싶다.

하늘에 계신 우리 아버지여, 나라가 임하시오며

'하늘에 계신 우리 아버지여'라는 말과 '나라가 임하시오며'라는 말은 실상 같은 말이다. 하나님을 부르는 것은, 하나님이 내 안에 들어와서 나를 다스리고 통치하시는 하나님의 나라가 내 안에서 이루어지게 해 달라는 뜻이다. 필자가 처음 기도를 시작할 때, 하나님의 이름을 부르는 기도를 6개월 동안 하고 나서 성령의 내적 증거가 나타나는 임재를 경험하고 나면서, 지금까지 틈만 나면 습관적으로 하나님을 부르는 기도를 하고 있다. 낮에 틈나는 대로 하나님을 부르는 것은 물론이고, 아침과 밤에 두어 시간 정해 놓고 기도할 때도 하나님이 기뻐하시는 기도를 하고 있는데, 그 핵심이 바로 하나님을 부르는 기도이다. 거의 1시간 동안 하나님을 전심으로 부른다고 해도 과언이 아니다. 많은 사람들이 그게 무슨 기도냐고 힐문하기도 하는데, 하나님을 부른다는 것은 그분의 존재를 인정하고 환영하며 맞아들인다는 뜻이다. 그 기도가 바로 예배이고, 하나님은 당신을 높여 드리며 찬양하는 기도를 가장 기뻐하신다. 필자는 이 기도를 오랜 시간 깊게 하면서 성령과 깊이 교감을 나누며 동행하고 있다.

이름이 거룩히 여김을 받으시오며, 뜻이 하늘에서 이루어진 것 같이 땅에서도 이루어지이다

위의 내용은 하나님을 찬양하는 내용으로서 하나님이 기뻐하시는 기도이다. 그래서 필자는 이 기도를 할 때 '할렐루야'를 반복하거나, 거룩히 여김을 받으시라고 전심으로 기도한다. 또한 하나님의 뜻을 이루어 달라고 기도한다. 필자는 두어 시간 정해진 기도할 때, 1시간가량을 하나님을 부르고 찬양하는 데 시간을 할애하고 있다. 왜냐하면 이 기도를 하나님이 가장 기뻐하시기 때문이다. 자신이 원하는 것을 요청하는 기도가 아니라 하나님이 기뻐하시는 기도를 해야 한다. 우리는 하나님과 동등한 상대가 아니라, 그분의 피조물이며 먼지만도 못한 존재이기 때문이다. 그러나 수많은 크리스천이 기도를 마치 하나님으로부터 자신이 원하는 요구사항을 얻어 내는 수단으로 생각하기 때문에 하나님으로부터 아무런 응답을 받지 못한다. 안타깝고 답답한 일이다.

우리가 우리에게 죄 지은 자를 사하여 준 것 같이 우리 죄를 사하여 주시옵고

위 내용은 회개기도이다. 회개는 하나님을 부르고 찬양하는 것과 더불어 하나님이 가장 많이 요구하시는 것이다. 우리는 타고난 죄인이며 밥 먹듯이 죄를 짓고 있기 때문에, 기도를 할 때는 항상 회개기도를 해야 한다. 그러나 형식적으로 하는 회개기도는 하나님이 듣지 않으신다. 그러므로 회개기도를 할 때는 진심으로 자신의 죄를 고백해야 할 것이다. 이는 자신의 의지나 노력으로 되는 것이 아니라, 회개의 영이신 성령이 내주하게 되면 죄를 생각나게 하시고 깨닫게 하신다. 입으로만 회개하는 게 아니라, 마음을 다하여 회개해야 하나님이 들으신다는 것을 잊지 마시라.

오늘 우리에게 일용할 양식을 주시옵고

예수님이 말씀하시는 일용할 양식이 무엇이겠는가? 우리의 생계를 위하여 필요한 수입원이라고 생각하기 십상이다. 필자도 그렇게 생각한 적이 있었다. 그러나 예수님은 그렇게 말씀하신 적이 없으시다.

그러므로 염려하여 이르기를 무엇을 먹을까 무엇을 마실까 무엇을 입을까 하지 말라 이는 다 이방인들이 구하는 것이라 너희 하늘

아버지께서 이 모든 것이 너희에게 있어야 할 줄을 아시느니라 그
런즉 너희는 먼저 그의 나라와 그의 의를 구하라 그리하면 이 모든
것을 너희에게 더하시리라(마 6:31~33)

위의 구절에서 예수님은 먹고사는 생계비에 대해 구하지 말라고 하신
다. 그런 것은 하늘 아버지께서 다 알고 계신다고 말이다. 대신 하나님
이 원하시는 나라와 하나님의 의를 구하라고 하신다. 그러므로 먹고사
는 필요를 구할 필요가 없다. 그러나 아쉽게도 우리네 교인들은 기도 자
리에 앉으면, 죄다 세상에서 살아가는 데 있어야 할 자신의 필요와 유익
을 구하고 있으니 기가 막히다. 그렇다면 우리가 구해야 할 일용할 양식
은 무엇인가?

예수께서 이르시되 내가 진실로 진실로 너희에게 이르노니 인자
의 살을 먹지 아니하고 인자의 피를 마시지 아니하면 너희 속에 생
명이 없느니라 내 살을 먹고 내 피를 마시는 자는 영생을 가졌고
마지막 날에 내가 그를 다시 살리리니 내 살은 참된 양식이요 내
피는 참된 음료로다 내 살을 먹고 내 피를 마시는 자는 내 안에 거
하고 나도 그의 안에 거하나니 살아 계신 아버지께서 나를 보내시
매 내가 아버지로 말미암아 사는 것 같이 나를 먹는 그 사람도 나
로 말미암아 살리라(요 6:53~57)

예수님이 말씀하신 매일 우리에게 필요한 양식은 육체의 생존에 필요한 양식이 아니라 영의 양식이다. 영의 양식은 바로 말씀과 십자가에서 흘리신 보혈이다. 그러나 말씀을 지식으로 머리에 쌓아 두는 것이 아니라 깨달음으로 가슴에 새겨야 한다. 또한 날마다 예수 피의 공로로 죄를 씻어 정결하게 해야 한다. 이는 성령께서 예수 피의 공로를 가슴에 새겨 주셔야 가능하며, 날마다 성령과 교제하는 기도의 습관을 통해 새겨지게 된다.

우리를 시험에 들게 하지 마시옵고 다만 악에서 구하시옵소서

시험에 든다는 것은 죄에 빠지는 것을 의미한다. 그러므로 죄를 짓게 하는 악한 영과 싸워 이기고, 죄를 추구하는 자신과 싸워 이기는 영적 능력을 요구해야 한다. 또한 부족하고 연약하기에 죄악에 빠져 있다면 구해 달라고 전심으로 요청해야 한다. 우리가 사는 이 세상은 악한 영이 지배하는 곳이다. 그러므로 늘 죄악에 빠뜨려 생명과 영혼을 사냥하는 무리들과 싸워 이겨야 하며, 혹시라도 이들의 덫에 걸려들었다면 즉각 전심으로 회개하고 하나님의 도우심을 요청해야 한다.

위의 기도방식과 내용이 바로 성경대로 기도하는 것의 핵심이다. 이렇게 기도하는 사람들이 바로 성령이 내주하여서 통치하시고 다스리시는 성령의 사람이 되는 것은 물론이다. 그러나 우리네 교회는 하나님을 찾고 만나서 교제하는 기도를 잊은 지 오래다. 그러므로 당신이 성령의 사람이 되어 천국백성이 되고 싶다면, 쉬지 않고 하나님을 부르는 기도의 습관을 들이는 일에 인생과 목숨을 바쳐야 할 것이다. 그러나 자신이 하고 싶은 기도나 할 수 있는 만큼의 기도를 하고 있다면, 맹인이 만진 코끼리에 불과할 것이다.

말씀 읽는 습관을 들이라

기도와 말씀은 하나님을 만나는 양대 산맥이다. 기도는 교회에서 적지 않게 강조하고 설교의 마무리에 약방의 감초처럼 끼어 있으며 목회자들이 새벽기도회를 포함한 각종 기도회에 나오라고 성화이기 때문에, 기도를 열심히 하지 않는 이들조차 기도의 중요성에 대해 모르지 않는다. 그러나 어떻게 기도를 해야 할지 모르는 이들이 태반이다. 반면 기도와는 달리 성경 지식에 대해서는 자신감이 넘친다. 그러한 이유는 예배의 설교에 등장하는 내용들을 이미 알고 있어서가 아닐까? 사실 교회에 나와 설교를 3년만 들으면 성경의 인물이나 중요한 사건에 대해 거의 알게 된다. 담임목사에게 설교를 2년만 들으면 새로운 게 나오지 않는다고 한다. 그러나 그것도 설교자가 스스로 설교문을 작성하던 옛날얘기다. 요즘은 인터넷에 수많은 설교문이 떠돌아다닌다. 그래서 설교를 들을 때마다 어디선가 들었던 내용 같다는 생각이 든다. 설교자들은 예화로 양념을 치고 세상 돌아가는 얘기로 가공을 해서 자신만의 색깔을 입히려고 한다. 그게 아니라면 교회에서 일어나는 시시콜콜한 얘기로 설교시간을 때운다. 그래서 설교에서 성경말씀이 점점 줄어드는 것이다.

자신이 고민해 가며 쓴 설교문이 아니라서, 말씀에 대한 깨달음이 없으니 확신도 없고 열정도 없다. 그냥 종교행사로 치르게 된다. 뭐, 모든 목사들이 다 그렇다는 게 아니다. 그러나 당신이 다니는 교회의 담임목사의 설교를 들어 보면 설교문의 출처를 어렵지 않게 알게 될 것이다.

필자가 다른 교회 목회자의 설교문의 출처나 밝히는, 시시껄렁한 얘기를 하려고 이 말을 하는 것은 아니다. 당신이 알고 있는 성경 지식이 별거 아니라는 얘길 해 주고 싶어서이다. 당신이 설교 때 들어 알고 있는 성경 지식은 성경에 들어 있는 내용의 1/5도 채 되지 않는다. 설교에 등장하는 성경말씀은 설교자가 즐겨 하는 내용이거나, 설교자의 탐욕스러운 목적에 들어맞는 구절, 교인들이 듣고 싶어 하는 내용, 혹은 평소에 설교 본문으로 자주 사용하는 본문일 확률이 높다. 거꾸로 말하자면, 설교자가 꺼리는 내용, 설교자의 탐욕에 도움이 안 되는 구절, 교인들이 듣기 싫어하는 내용, 평소에 설교 본문으로 자주 사용되지 않는 내용이라면 설교에 등장하는 일이 별로 없을 것이다. 그러므로 당신이 설교 때 들어오던 성경 지식을 가지고 성경을 다 안다고 생각하면 오산이다. 이유가 어찌 되었든지 사람들은 성경을 잘 읽지 않는다. 만화책도 한 번 읽으면 재미없어 두 번 다시 쳐다보지 않는데, 읽기 싫은 성경을 그것도 이미 알고 있는 내용을 다시 읽는 것처럼 맥 빠지는 일은 없다. 그래서 교회에서는 억지로라도 성경을 읽히려고 성경 통독표를 나누어 주고 교인들끼리 경쟁적으로 읽는 분위기를 조장한다든가 성경필사대회를 열어 필사한 사람에게 메달을 걸어 주는 행사를 하고 제본으로 만들어 주어 가보(?)로 소장하게 하는 배려도 서슴지 않는다. 이처럼 성경을 읽게 하려는 눈물겨운 교회의 노력이 가상하기조차 하다. 그래서 성경필사를 한 번 하면 성경에 대해 해박하게 아는가? 일 년에 성경을 한 번 읽으면 성경 지식이 빼곡하게 들어차는가?

왜 당신이 성경을 읽어야 하는지 말씀드리겠다. 성경을 읽는 목적은 성경의 인물들과 성경에 기록된 사건에 대해 해박한 지식을 쌓기 위해서가 아니라, 하나님의 뜻을 깨닫기 위해서이다. 지식을 쌓기 위한 목적이라면 한두 번 읽으면 되고 성경의 주요 사건을 요약한 책이나 성경 인물에 대해 소상하게 소개하는 책들을 읽어도 된다. 그리고 당신은 매주 예배에 참석하여 설교를 듣고 있지 않은가? 그러나 이런 노력으로는 성경 지식을 쌓을지는 몰라도 깨달음은 아니다. 성경의 깨달음을 얻으려면 성경을 읽는 습관부터 들여야 한다. 성경은 자신의 신앙의 수준과 처해 있는 환경, 해결하고 싶은 문제에 따라 다르게 다가오기 때문이다. 말하자면 신앙의 수준이나 환경은 시시각각 변하는데, 어떻게 똑같은 성경 내용이 동일한 깨달음으로 다가오겠는가? 그러므로 날마다 읽고 묵상하여 항상 새롭게 깨달아야 한다. 이를 위해서는 날마다 시간을 정해 놓고 성경을 읽는 습관을 들여야 한다.

또한 성경의 깨달음은 성령께서 하늘의 지혜로 주시는 것이다. "너희로 신령한 지혜와 총명에 하나님의 뜻을 아는 것으로 채우게 하시고"(골 1:9) 이 말씀을 곱씹어 보면 하늘의 지혜로써 하나님의 뜻을 알게 되는 것임을 알게 될 것이다. 그러므로 그냥 성경을 읽어서는 깨달음을 얻을 수 없고 오직 성령이 내주하는 기도를 동반해야 한다. 신앙행위를 열심히 하는 두 부류의 사람들이 있다. 기도를 열심히 하지만 성경을 잘 읽지 않는 사람들이다. 이런 사람들은 곧 하나님의 뜻과는 상관이 없는 신비주의자가 될 것이다. 악한 영이 조종하는 좀비가 되기 십상이다. 하나님의 뜻에 대해 무지하기 때문이다. 또 다른 부류는 기도는 하지 않고 성경만 열심히 읽는 사람들이다. 이런 사람들은 머리만 커져 교만해져서 남을 정죄하고 비판하는 사람이 된다. 교회의 지도자들 중에는 이러한 부류의 사람들이 많이 있다. 교만한 사람은 귀신들이 사용하는 좀비가 되기 쉽다. 그러므로 성경을 읽는 습관과 성령이 내주하는 기도의 습관을 들이는 것은 동전의 양면 같아서 서로 뗄 수 없다. 어느 한쪽도 게을리하거나 등한시하면 심각한 문제가 생긴다.

필자가 제시하는 성경을 읽는 요령은 다음과 같다. 신약성경과 구약성경의 중요성은 똑같지 않다. 두 성경이 다 같이 중요하지만, 신약성경은 구약성경의 바탕 위에 예수님의 사역을 말하고 있기에 더 중요하다. 그래서 신약과 구약을 읽는 시간을 똑같이 배분하는 방식을 사용해 보라고 조언하고 싶다. 구약의 양은 신약의 4배이므로 똑같은 시간을 배분해서 읽으면 신약을 구약의 4배로 많이 읽게 될 것이다. 신약성경은 내용이 그리 많지 않으므로 순서대로 읽으면 된다. 초신자라면 요한복음을 여러 번 읽고 나서 다른 성경들을 읽으면 이해하기가 쉬울 것이다. 구약성경은 현재의 삶에 더 많이 적용할 수 있는 것들 순으로 차등하여 우선순위를 정해서 읽기 바란다. 구약성경 중에서 이 시대에 가장 많이 적용되는 것은 지혜서이다. 욥기, 시편, 잠언, 전도서로 구성된 지혜서는 이 시대에도 예외 없이 적용되는 하나님의 원칙들이 빼곡하게 들어 있다. 그 다음으로 예언서이다. 예언서는 이사야와 예레미야 같은 대예언서와 작은 분량의 여러 소예언서가 있는데, 예언서도 이 시대에 적용할 하나님의 말씀들이 많다. 그 외 나머지 구약성경은 순서대로 읽으면 된다. 그 비율은 지혜서와 예언서 나머지 구약성경을 3 : 2 : 1로 하면 좋다. 이것은 이 시대에 적용할 수 있는 내용들이 많은 순으로 우선순위를 두어 적당한 비율로 나눈 것이다. 그리고 날마다 적어도 1시간 이상 읽는 것을 목표로 하라. 그게 어렵다면 최소한 30분이라도 읽기 바란다. 그러나 이는 필자의 견해일 뿐이다. 성경을 오랫동안 정독해 읽은 사람들은 성경 어느 곳도 빼놓을 수 없이 죄다 중요하다고 이구동성으로 말하고 있다. 그러므로 성경 읽는 게 너무 좋고 성경을 읽는 시간이 즐겁고 재미있어졌다면 성경 전체를 통독해서 순서대로 읽어 나가기를 바란다.

요즈음은 스마트폰의 앱을 이용하여 성경을 읽는 게 아니라 듣는 이들이 많아졌다. 성경을 듣는 것은 읽는 것보다 편리하다. 그러나 하나님의 뜻을 깨닫기 위한 목적이라면 쉽게 읽는 게 아니라 깊이 생각하며 읽어야 한다. 그러나 듣는 성경이라면 생각할 겨를이 없다. 그래서 할 수 있다면 정독하기 바란다. 어떤 이들은 성경을 필사하는 분도 있다. 시간이 넉넉하다면 필사하는 것도 나쁘지 않은 방법이 될 수 있다. 그러나 성경 내용이라고 똑같이 중요한 게 아니다. 아주 중요한 부분과 덜 중요한 부분이 섞여 있다. 감동이 오고 중요한 내용이라면 쓰는 것도 좋지만, 그렇지 않은 것까지 일일이 쓴다면 시간 낭비일 것이다. 성경을 맨 처음 번역할 때는 한자어가 많이 섞여 있었다. 많이 개선되었지만 지금도 번역이 어려운 단어들이 적지 않다. 특히 영적인 단어의 뜻을 정확하게 아는 것은 쉽지 않다. 이럴 때는 성경사전의 도움을 얻어야 한다. 단어의 뜻은 성경사전을 통해 알 수 있지만, 구절의 뜻은 주석을 참고하여야 할 것이다. 대부분 주석은 목회자용이므로 방대하고 어려운 설명이 많으므로 비교적 간편한 평신도용 주석을 참고하면 좋을 것이다(예 : IVP 단권주석). 그러나 성경사전이나 주석은 정확한 뜻을 아는 데 도움이 될 뿐이고, 깨달음까지 얻게 해 주지 않는다. 성령이 내주하시는 기도를 동반하면서 말씀을 정독하여 읽어야 성령께서 깨닫게 해 주시고 삶에 적용하도록 도와주신다. 그래서 하나님이 주시는 깨달음을 얻도록 애써야 한다.

성경을 매일 읽는 습관을 들여야 날마다 성령과 동행하는 삶을 살 수 있다. 필자의 헬라어 성경은 표지가 너덜너덜해질 정도로 해어졌다. 구입한 지 그렇게 오래되지 않았지만, 어디를 가든 성경을 가지고 다녔기 때문이다. 가격이 다소 비싸고 미국의 서점에서 구입해야 하는 번거로움 때문에 쉽게 구입할 수 없어, 낡았어도 웬만하면 그냥 읽고 있다. 필자는 어디든지 성경을 들고 다닌다. 일터에서 잠시 시간이 나도 성경을 꺼내 들고 화장실에 갈 때도 필수품이다. 성경만 읽고 있으면 시간 가는 줄 모른다. 그리고 왠지 모르게 든든하다. 어떤 때는 하나님이 함께 계시다는 생각이 들곤 한다. 이처럼 성령과 동행하는 삶을 원한다면 성경을 가지고 다니며 틈만 나면 성경을 읽어야 한다. 그래야 하나님의 뜻을 깨달아 삶에 적용하여 하나님이 기뻐하시는 자녀로 살아갈 수 있고 삶에 풍성한 열매를 맺을 수 있다. 하루라도 성경을 읽지 않는다면 하나님의 도구로 살아갈 생각을 버려야 한다. 하나님은 매일 시시각각으로 당신과 교제하고 싶어 하신다. 그런데 하나님의 뜻에 관심이 없는 이들을 만나 주시기나 하겠는가?

5

기도를 방해하는 악한 영들의 공격

———

기도를 방해하는 악한 영들의 공격이 있다고? 필자의 이 말은 허언이 아니다. 필자는 성령이 내주하는 기도훈련 사역을 하고 있으며, 그간 수많은 사람들에게 이 훈련을 시키면서 그 과정에서 일어나는 많은 사건들을 목격했다. 하나님을 부르는 기도를 전심으로 하면 귀신들의 공격이 시작된다. 성경을 읽으면 사탄과 귀신같은 악한 영들의 이름이 오르내리지만, 마치 선사시대에 멸종된 공룡을 보는 느낌으로 바라보는 이들이 적지 않을 것이다. 공룡의 존재는 화석을 통해서라도 육안으로 확인이 되지만 귀신은 영적 존재라서 식별조차 되지 않는다. 이는 하나님과 천사도 마찬가지이다. 성경에는 하나님과 천사, 사탄과 귀신이 빈번하게 등장하지만, 어찌된 일인지 성경을 절대불변의 하나님 말씀으로 믿는 크리스천들조차도 하나님을 제외한 다른 존재들은 죄다 그림의 떡으로 바라보고 있다.

귀신들의 존재를 피부로 느끼지 못하는 이유는 이들을 직접 체험하지 못했기 때문이다. 악한 영들은 눈으로 보이지 않고 귀로 들리지 않으며 과학적인 실험으로 증명되지 않는다. 그러므로 영적 분별력이 없는 사람들은 이들의 존재를 알아낼 수 없다. 그래서 수많은 크리스천들이 하나님은 잘 알고 있는데 귀신의 존재와 공격에 대해 무지하다. 이는 로미오는 읽었는데 줄리엣을 읽지 못했다는 사람과 같다. 귀신에 무지한 사람은 기생충의 존재를 알지 못했던 시대의 사람들과 다를 바 없다. 그래서 조선시대의 우리네 조상들은 평생 기생충의 숙주가 되어 영양분을 빼앗기고 시커멓고 비쩍 마른 채로 살다가 죽어 갔다. 기생충의 존재와 감염 경로를 모르고 살았기 때문이다. 이처럼 귀신들의 존재와 공격을 모르고 살아가는 사람들은, 이들의 포로가 되어 생명과 영혼을 사냥당하고 지옥으로 던져질 게 뻔하다.

마귀를 대적하라 그리하면 너희를 피하리라(약 4:7)

우리의 씨름은 혈과 육을 상대하는 것이 아니요 통치자들과 권세들과 이 어둠의 세상 주관자들과 하늘에 있는 악의 영들을 상대함이라(엡 6:12)

성경은 우리의 싸움의 대상이 육체를 지닌 사람들이 아니라, 놀라운 영적 파워를 가지고 세상을 지배하는 하늘에 있는 악한 영들이라고 말하고 있다. 그래서 이들과 날마다 피 터지게 싸우지 않는다면 이들의 먹잇감이 되어 불행에 빠져 고통스럽게 살게 될 것이다. 그러나 아쉽게도 작금의 우리네 교회에서는 귀신에 대해 이야기하는 것조차 불쾌하게 생각하고 터부시하고 있다. 이는 조선시대에 천연두를 무섭게 여겨 임금을 부르는 존칭인 마마라고 높여 부르며, 떡 벌어지는 제사상을 차려 놓고 굿을 해서 조용히 떠나가게 하려고 했던 미신행위와 흡사하다. 굿을 해서 천연두가 사라지는 게 아니듯이, 교회에서 귀신 이야기를 터부시한다고 이들이 공격하지 못하는 게 아니기 때문이다. 이처럼 악한 영들에 대해 무지한 이들은 죄다 귀신들의 밥이 되어 고통스럽게 살다가 지옥으로 던져지게 될 운명이라고 생각하니 답답하기 짝이 없다.

귀신들의 존재를 가장 쉽게 알 수 있는 방법은 하나님을 혹독하게 부르는 기도를 해 보는 것이다. 귀신이 두려워하는 존재는 하나님밖에 없다. 그러므로 다른 종교의식이나 신앙행위에 대해서는 관심조차 없다. 그러나 하나님을 부르는 기도를 하면 이들도 화들짝 놀라 혼비백산하는 것이다. 그러나 형식적으로 부르면 이들도 별 관심을 보이지 않는다. 성령이 오시는 기도방식은 혹독하게, 전심으로, 입에서 단내가 나도록, 죽기 살기로 부르는 것이다. 이 기도를 하는 사람들을 곁에서 보면 자기학대를 하는 것처럼 보이기도 하고, 흡사 광신도처럼 생각되기도 한다. 물론 평상시에 겉모습으로 분별할 수는 없을 것이지만 말이다.

그러나 성령의 증거가 나타나고 성령의 열매를 맺는다면, 뒷소리를 하는 이들도 할 말이 없을 것이다. 귀신들도 약한 능력의 영부터 센 놈까지 천차만별이다. 약한 귀신들은 도망치기에 바쁘다. 그러나 중간 위력의 귀신들과 센 귀신들은 도망치기보다 기도를 못하게 하려고 공격하기 시작한다. 필자가 칼럼에서 여러 번 밝힌 대로, 약한 귀신들이 도망치는 현상은 침, 가래, 기침, 헛구역질, 구토, 트림, 방귀, 하품, 배변 등의 현상이다. 이러한 현상은 기도 시에 집중적으로 나타나며, 여러 현상이 겹쳐서 나타나거나 다양하게 바뀌면서 나타나기도 한다. 그러나 혹독하게 하나님을 부르는 기도의 사람에게만 나타난다는 것을 명심하기 바란다. 그냥 적당히 형식적으로 부르면 성령께서 꿈쩍도 안 하시기 때문에 귀신들도 별 반응을 보이지 않는다. 이처럼 기도나 식도, 위장이나 소장, 대장을 통해 나타나는 생리현상은 귀신들이 집을 짓고 사는 곳이 가슴이나 배 부위이므로, 가장 빠른 통로인 기도나 식도 혹은 대장을 통해 빠져나가면서, 이들 기관에 자극을 주어 생겨나는 현상으로 보이지만 정확한 원인은 알 수 없는 노릇이다. 그러나 이런 현상은 귀신들이 몸에 잠복해서 집을 짓고 있는 증거일 뿐이므로 크게 염려할 것이 없다. 그래서 구체적으로 귀신들의 공격에 대해 알아보자. 먼저 예전에 보내온 훈련생의 편지를 보여 드리겠다.

충주에 다녀와서 그동안 있었던 사단의 방해에 대해 정리해 봅니다.

* 딸이 폐렴에 걸려 3주가 지났는데도 별 차도가 없어 결핵검사가 필요하다고 함.

* 나 자신도 감기몸살이 오고 식도염이 재발되어 더 나빠짐.

* 충주 영성학교에 가려는 날, 새벽에 갑작스러운 복통으로 인해 몸 상태가 나빠짐.

* 충주에 내려가는 길에 트레일러와 충돌할 뻔했음.

이 내용이 믿어지지 않겠지만, 필자에게는 이런 사건이 아주 흔한 일에 불과하다. 성령이 내주하는 기도의 핵심은 2가지이다. 하나는 하나님만을 전심으로 부르는 기도이고, 또 하나는 악한 영이 공격하면 예수 그리스도의 보혈의 공로를 의지하여 쫓아내는 축출기도이다. 그러나 이 기도는 영적 싸움을 부르는 기도이다. 전심으로 하나님을 부르는 기도를 하면 악한 영이 화들짝 놀라서 공격을 해 오기 시작한다. 그러나 우리가 영화나 TV에서 보는 것처럼, 귀신들이 소복 차림에 머리를 산발하고 나타나서 뾰족한 손톱으로 할퀴거나 날카로운 이빨로 물어뜯는 공격이 아니라, 영적 능력으로 공격하는 것이다.

악한 영들의 공격은 대략 3가지로, 사람의 육체와 정신을 공격한다. 정신을 공격하는 것이 가장 일반적인데, 부정적인 생각을 비롯한 갖가지 잡념이 들게 하여 기도에 집중하지 못하게 하는 것이다. 부정적인 생각들은 수도 없이 많다. 걱정과 염려, 두려움과 의심, 낙심과 절망 등의 생각들이 효과가 크다. 기도란 정신집중이기 때문에 부정적인 생각이나 잡념을 들게 하는 공격은 치명적일 수밖에 없다. 그래서 이런 공격을 제때에 쳐내지 못하면 기도 자리에는 앉아 있으나 시간 낭비를 하게 된다. 또한 잡념이 들면 졸리거나 공상에 빠지고 혹은 멍하니 앉아 있는 경우도 있다. 실제로 잠을 자지 않는데도 정신 줄을 놓게 하는 공격도 허다하며, 머리를 어지럽게 하거나 심지어는 아예 정신을 잃게 하여 자리에서 쓰러지게 하기도 한다. 악한 영이 몸 안에 잠복해 있는 경우에는 공격의 강도와 빈도가 엄청나게 세다. 어쨌든 잡념이 들게 하여 기도를 못 하게 하는 귀신들의 공격은 누구에게나 예외가 없다. 그러므로 귀신들의 공격이 시작되면 예수 피를 외치며 즉시 맞불을 놓아 쫓아내야 한다. 지금까지 대부분의 교인들이 시행하는 기도는 '주세요 주세요' 하는 기도이다. 이런 기도는 악한 영이 꿈쩍도 하지 않는다. 왜냐하면 하나님의 존재감을 드러내는 기도가 아니기 때문이다.

잡념이나 부정적인 생각을 넣어 주어 기도를 방해하는 공격이 아니라면, 몸을 아프게 하여 기도를 못하게 하는 공격도 빈번하다. 가장 많은 공격이 머리를 아프게 한다. 악한 영은 얼굴 부위가 고통의 강도가 세다는 것을 알기 때문에 얼굴 부위를 많이 공격한다. 대표적인 공격이 머리를 아프게 하거나 얼굴이나 몸을 가렵게 한다. 기도하기 전에 고질병이 있는 경우는 이 증상이 더 심해진다고 보면 된다. 또한 기도(氣道)와 위장, 그리고 대장 부위의 공격이 일반적이다. 인후염이 도지고 편도선이 붓고, 장염이 생겨 화장실에 들락날락하는 것이 일반적인 증상이다. 그러나 귀신들은 어느 곳이든지 아프게 할 수 있다. 그러므로 기도를 시작하면, 위의 증상들이 흔한 공격이라는 것을 잊지 마시라.

또 다른 공격은 사고·사고를 일으켜서 기도에 집중하지 못하게 한다. 운전하는 사람들의 경우 경미한 접촉사고를 일으킨다. 운전하는 사이 집중을 못 하게 하여 사고를 일으키거나, 다른 이로 하여금 들이받게 하기도 한다. 훈련생 중에 1달 사이 6번 사고가 난 사람도 있고, 이틀 사이 3번의 사고가 난 사람도 있다. 새로 바꾼 타이어가 원인 모르게 찢어져서 교체한 경우도 있다. 교통사고만 일으키는 것은 아니다. 차에 도둑이 들어 물건을 훔쳐 가게도 하고, 심지어는 집에 불이 난 경우도 있다. 이러한 일이 우연히 일어날 수도 있겠지만, 기도훈련을 시작하면 이런 사건과 사고가 빈번하게 일어나는 일에 유의해야 된다. 사건·사고는 걱정과 염려, 분노 등의 부정적인 생각을 넣어 주어 기도를 방해하기 때문이다. 그러므로 어떤 사고이든 기도에 방해를 받거나 기도를 못 하고 있다면, 귀신들의 공격이 맹렬하다고 보면 된다. 사건·사고는 아주 다양하기 때문에 어떤 일이 일어날지 모른다. 그러므로 이 기도를 시작하면, 이런 사건에 영향을 받지 않도록 각별하게 신경을 써야 한다.

세 번째 공격은 사람들을 통해 공격하는 것이다. 그 사람들은 대부분 기도자에게 지대한 영향을 미치는 사람들이며, 거의 대부분 가족들이다. 남편이나 자녀가 대표적인 경우이며, 부모나 형제들로부터 영향을 받는 경우도 있다. 가족이 아니라면 직장 상사나 친척, 혹은 친구이며, 자신이 다니는 교회의 목회자나 교회지도자들로부터 공격을 받기도 한다. 어린 자녀를 기르는 엄마는 100% 자녀로부터 공격을 받는다. 건강하던 자녀들이 이유 없이 아프거나, 밤에 잠을 자지 않고 울어 대면서 기도를 못 하게 집요하게 방해한다. 아내의 경우 남편으로부터 공격을 많이 받는다. 아내가 기도하는 것이 그냥 싫은 것이다. 그래서 이런저런 이유를 대면서 기도를 못하게 한다. 심지어는 이혼을 하자는 경우도 심심찮게 발생한다. 결혼을 하지 않은 젊은이의 경우는 부모로부터 공격을 받는다. 목회자나 교회지도자들의 방해는 그런 기도를 가르치는 곳이 이단이 아닌지 의심스럽다며, 다른 곳의 가르침을 받지 말라고 하면서 두려움과 공포를 심어 준다. 그들은 필자의 기도훈련이 성경적인 것인가에는 관심이 없이, 기도훈련이 그냥 싫은 것이다.

네 번째 공격은 일에 빠져 기도를 못 하게 하는 것이다. 대부분의 현대인들은 새벽 일찍 일어나 직장으로 달려가서 하루 종일 정신없이 일을 하다가 저녁에 피곤한 몸을 끌고 집으로 돌아오는 삶의 방식을 은퇴할 때까지 반복하고 있다. 그래서 새벽 5시에 열리는 교회의 새벽기도회에 참석하는 것은 꿈같은 일이다. 평생 일을 하는 일벌레가 되어 살아가는 이유가 무엇인가? 가족들과 행복하게 살려고 하는 게 아닌가? 그래서 가장의 가장 중요한 책무인 가족들의 생계비를 벌려고 하는 것이다. 그래서 이들은 이구동성으로 너무 바빠서 기도할 시간을 내지 못한다고 항변한다. 그러나 자신의 힘으로 행복하게 살 수 없기 때문에 전지전능한 하나님의 도우심을 바라며 하나님을 만나 동행하고 싶어서 기도하려는 게 아닌가?

악한 영들이 가장 두려워하는 일은 사람들이 하나님을 만나는 것이다. 귀신들은 사람은 전혀 무서워하지 않지만 하나님만을 극도로 두려워하며 도망치는 놈들이다. 그래서 하나님을 만나는 기도를 못하게 하려고 필사적으로 방해한다. 그러므로 하나님을 만나는 기도를 하려면 최소한도로 성실하게 일을 하면서 기도하는 일에 시간을 내야 한다. 그러나 악한 영들은 최선을 다해서 열심히 일하지 않으면 회사에서 해고되거나 불이익을 당할지 모른다는 두려움을 줄 게 틀림없다. 그러나 세상을 지으시고 우주를 운행하시면 인간의 생사화복을 주관하시는 하나님께 삶의 전부를 턱 맡기고 오로지 기도하기에 힘써야 한다.

기도를 못하게 하는 모든 생각들은 죄다 악한 영의 공격이라고 보면 된다. 그러나 아쉽게도 기도를 못하게 방해하는 악한 영들의 공격은 집요하고 치명적이다. 그래서 사람들이 하나님을 만나는 기도를 시작하자마자 80%가 첫 번째 달을 넘기지 못하며, 두 번째 달에도 중도포기하는 이들이 속출한다. 악한 영의 공격이 성공한 셈이다. 그러나 소수의 사람은 어떤 어려움도 극복하고 이겨 내면서 마침내 기도의 강을 건너가게 된다. 그러므로 다른 기도는 몰라도, 하나님을 만나는 기도를 시작하면 악한 영의 공격을 대비하고 단단히 각오를 해야 할 것이다.

기도를 방해하는 악한 영과 어떻게 싸워야 하는가?

필자는 성령이 내주하는 기도훈련을 하는 사역자이다. 성령이 내주하는 기도를 방해하는 것은 귀신들이다. 귀신들은 그들의 공격에 맞는 별명이 있다. 맘몬의 영, 미혹의 영 등이 그것이다. 맘몬의 영은 돈을 통해 사람을 넘어뜨리는 귀신들이고, 미혹의 영은 속여서 죄를 짓게 하여 영혼을 사냥하는 놈들이다. 사실 귀신들의 공통된 공격전략은 속이는 것이다. 그러나 다른 공격은 특정한 대상이나 방식을 통해 공격하는 데 반해서 미혹의 영은 교묘하게 속이는 전략을 사용하는 놈들이며, 당연히 이 귀신들은 영적 능력이 탁월한 놈들이다. 예전에 성령께서는 귀신들도 능력이 천차만별이라고 하셨으며, 도망가기 바쁜 하급귀신에서부터 몸을 아프게 하여 공격하는 중급귀신, 그리고 자신의 정체를 드러내지 않고 교묘하게 속이는 고급귀신들이 있다고 말씀해 주셨다. 필자는 기도훈련을 요청하는 사람들에게 기도훈련을 시키고 있는데, 필자가 요구하는 기도를 전심으로 하게 되면 100% 귀신의 공격을 받게 된다. 대부분의 공격들은 기도의 집중을 방해하는 수준에서부터 시작되는데, 귀신들이 몸에 잠복해 있는 사람들은 몸을 아프게 하거나 가렵게, 혹은 감전된 듯 저리게 하는 공격 등이 시작된다. 잡념이나 부정적인 생각을 넣어주는 귀신들이 밖에서 공격하는지, 몸 안에서 공격하는지는 공격의 강도나 빈도를 보면 알 수 있지만, 이는 경험이 많은 전문가들만이 분별할 수 있다.

그러나 직접 몸을 공격하는 증상을 보이면 몸 안에 잠복해 있다고 보아야 한다. 그래서 필자는 몸 안에 잠복해 있는 증상을 보이는 훈련생들은 영성학교에서 실시하는 축출기도 시간에 필수적으로 참석할 것을 요구하고 있다. 이때부터 몸 안에 있는 귀신들과 전면전이 벌어지는 것이다. 성실하게 축출기도를 받으며 열정적으로 기도훈련을 하는 사람들은 어느 정도 시간이 지나면 몸이 아프거나 몸을 뒤틀거나 괴성을 지르거나 구토가 나오는 증상이 사라지기 시작한다. 이는 중간급 귀신들이 빠져나갔다는 증거이다. 그러나 이때가 미혹의 영의 공격이 본격적으로 시작되는 시점이다.

미혹의 영은 철저하게 자신의 정체를 숨기고 공격하기 때문에, 꼼꼼하게 자신의 상태를 점검하면서 기도해야 할 것이다. 미혹의 영이 공격하는 분야는 조금씩 다르지만, 생각을 통해 공격하는 것은 공통적이다. 걱정, 염려, 의심, 불안, 두려움, 낙심, 절망 등의 부정적인 생각에 오랫동안 눌려 있던 사람들은 끊임없이 이러한 공격을 받게 될 것이다. 이러한 사람들은 오랫동안 귀신에 눌려 있었으며 정신질환자가 허다하다. 또한 신경쇠약 등의 신경계통의 질병, 혹은 정신적인 능력이 부족한 사람들도 죄다 여기에 속하게 될 것이다. 모든 부정적인 생각은 믿음이 없는 것이므로 불신앙의 죄이다. 미혹의 영은 불신앙의 죄를 짓게 하여 하나님의 도우심을 얻지 못하게 방해하는 것이다. 각종 중독도 미혹의 영의 일종이다. 중독은 쾌락을 탐닉하게 만들어서 정신과 육체를 황폐하게 만드는데, 머릿속으로 쾌락에 대한 유혹을 끊임없이 넣어 주어 헤어나지 못하게 만든다. 그러므로 중독자들은 파괴력이 엄청난 미혹의 영의 덫에 걸려든 셈이다.

그러나 이보다 더 교묘한 미혹의 영이 수도 없이 많다. 말씀으로 속이거나 은사로 속이거나 이성적이고 합리적으로 속이는 미혹의 영의 공격이다. 필자가 가장 어렵게 여기는 미혹의 영의 공격이 바로 이런 유형으로서, 죄를 짓게 하는 공격유형에서 다른 미혹의 영들과 확연하게 분별이 된다. 말씀으로 속이는 놈들은 목회자와 교회지도자를 공격해서 좀비로 만드는데, 이들은 미혹의 영의 정체를 전혀 인지하지 못한다. 그래서 우리네 교회가 귀신들의 손아귀에 넘어가 있는 것이다. 거짓 은사를 넣어 주어 속이는 귀신들에게 넘어간 은사주의자나 신사도운동가, 갖가지 이단들도 기이한 현상과 이적을 보여 주고 있지 않은가? 또한 기복신앙을 넣어 주어 속여 세속적인 교인을 만들거나, 예배의식이나 희생적인 신앙행위에 몰두하게 만들어 하나님을 만나지 못하게 만드는 미혹의 영도 고단수의 놈들이다. 그래서 우리네 교회가 미혹의 영에 사로잡혀 있는 것이다. 그렇다면 어떻게 미혹의 영과 싸워 승리할 수 있는가?

가장 중요한 것이 미혹의 영의 공격을 알아채는 것이다. 만일 이들의 공격을 알아채지 못한다면 싸울 수도, 이길 수도 없는 노릇이다. 필자에게 기도훈련을 받는 사람들은 자신 안에 들어가서 생각으로 공격하는 미혹의 영에 대한 지식을 쌓고 경험을 하게 된다. 대부분 생각을 통해 공격하는 것들을 감지할 수 있기 때문이다. 그러나 몸을 아프게 공격하는 놈들이 빠져나가서 아무런 증상이 나타나지 않는 훈련생들은, 겉으로 드러나는 증세가 없기 때문에 철저하게 점검하지 않으면 속아 넘어갈 수밖에 없다. 이들은 성령이 내주하는 증거와 변화, 능력과 열매를 통해 감지할 수 있기 때문에, 항상 자신의 영혼과 삶, 신앙의 상태를 날카롭게 점검해야 할 것이다.

그렇다면 이들의 공격이 감지되면 어떻게 싸워야 하는가? 가장 중요한 것이 타이밍이다. 이들은 머리를 타고 앉아 생각을 넣어 주는 공격을 하기 때문에, 머리를 타고 앉지 못하도록 마음의 문을 열어 주어서는 안 된다. 그래서 이들의 공격이 시작될 기미가 보이면 즉각 예수 피로 쫓아 내야 한다. 이들의 공격을 빠르게 쳐내지 못해서 머리를 점령당하게 되면 뒤늦게 쫓아 봐야 입만 아프다. 이러한 대응책을 성령께서는 속사포처럼 쏘아 대야 한다고 말씀하셨다. 속사포란 빠르게 쏘아 대는 무기를 말한다. 그러므로 이들의 공격이 시작되자마자, 즉각 예수 피로 쫓아내는 기민한 상태를 유지하여야 한다.

두 번째로 중요한 것이 끝까지 청소하는 것이다. 예수 피로 쫓아내기 시작하면 중도에 그만두어서는 안 된다. 죄다 사라질 때까지 끈질기게 물고 늘어져야 한다. 귀신들은 교인들이 형식적으로 예수 피를 외치는 것은 전혀 두려워하지 않는다. 그러나 끝까지, 사라질 때까지 쫓는 사람들은 두려워한다. 그러므로 이들이 다시는 공격할 엄두를 내지 못하도록 싹쓸이해야 한다.

　세 번째로 중요한 것은 전심으로 기도하는 것이다. '전심으로'라는 말은 온 마음을 다한다는 뜻이다. 기도란 하나님의 영과 내 영혼이 교제하는 통로이다. 그러므로 정신집중이 무엇보다도 중요하다. 그래서 미혹의 영들은 정신집중을 못 하게 하려고 갖가지 부정적인 생각을 넣어 주어 공격한다. 그래서 축출기도를 시작하면 배를 쥐어짜고 혹독하게 기도하여야 할 것이다. 기도는 자신의 노력과 힘, 의지로 하는 것이 아니라 성령이 도와주셔야 한다. 그러므로 희생적인 신앙행위를 보탠다고 하나님이 감동하는 게 아니라 자신의 마음을 드려야 할 것이다. 그게 바로 전심으로 기도하는 것이다. 미혹의 영을 쫓아내는 축출기도도 예외가 아니다. 기도를 시작하면 창자가 끊어지도록 기도해야 이들이 쫓겨나갈 것이다.

　이처럼 미혹의 영은 우리가 가장 어렵고 힘들게 싸워 이겨야 하는 귀신들의 이름이다. 그러므로 당신이 미혹의 영을 알지 못하고 있다면 천국의 자격은 물 건너갔다고 보아야 한다. 이미 당신을 속여서 하나님을 만나지 못하게 만드는 일에 성공했기 때문이다.

예수 피를 외치는 기도를 하라

　새끼 낙타와 어미 낙타의 대화이다.

"엄마, 제 속눈썹은 왜 이렇게 길어요?"

"그건, 사막의 모래바람을 막기 위해서란다."

"그렇군요. 근데 엄마, 제 발바닥은 왜 이렇게 푹신푹신하죠?"

"그건 사막을 건널 때 모래에 빠지지 않게 하기 위해서란다."

"근데, 엄마 제 등에 있는 혹은 뭐예요?"

"그건 사막을 여행할 때 오랫동안 먹지 못할 때를 대비해서 영양분을 비축해 놓은 거란다."

"그래요? 그런데, 우리는 왜 사막이 아닌 동물원에 있지요?"

이건 우스갯소리가 아니다. 당신도 별 차이가 없다. 당신이 교회에 나가서 믿는 게 무엇인가? 예수님이 우리의 죄를 위해 십자가에서 보혈을 흘려주신 대가로, 죄가 용서함 받아 하나님과의 관계가 회복되어서 천국에 들어갈 자격을 얻었고, 죄를 빌미로 불행에 빠뜨리고 고통을 주는 악한 영과의 싸움에서 이길 수 있는 힘을 얻어서, 평안하고 행복하게 살 수 있게 되었다는 기쁜 소식(복음)이다.

> 그가 찔림은 우리의 허물을 인함이요 그가 상함은 우리의 죄악을
> 인함이라 그가 징계를 받음으로 우리가 평화를 누리고 그가 채찍
> 에 맞음으로 우리가 나음을 입었도다(사 53:5)

그래서 예수 그리스도의 보혈의 능력이 당신이 처한 삶의 문제마다 속 시원하게 문제해결을 해 주고 있는가? 그래서 삶이 평안하고 형통하신

가? 아쉽게도 당신이 믿는 예수 그리스도는 천국에 들어가는 자격을 얻게 해 주셨는지는 모르지만, 그분이 흘리신 십자가 보혈의 능력이 삶에 놀라운 능력을 발휘하지 못하고 있다. 그냥 교회의 예배당 전면에 장식용으로 걸려 있고, 여신도들의 목에 근사한 목걸이로 사용되고 있을 뿐이다. 그렇다면 왜 십자가의 보혈의 능력이 당신의 삶에 아무런 효력을 발휘하지 못하는가? 그 이유는 단순하다. 당신이 십자가에서 보혈을 흘리신 예수 그리스도를 진심으로 믿지 못하기 때문이다. 아마도 당신은 "무슨 소리예요? 예수님이 흘리신 십자가의 보혈을 믿는다니까요?"라고 말할 것이다. 오홋, 그런가? 그렇다면 왜 삶의 문제마다 괴로워하며, 정작 그분의 능력을 요청하지 않는가? 죄와 싸우려면 보혈의 능력을 의지해야 하는데, 왜 죄와 싸울 생각조차 없는가? 수많은 크리스천들이 지난한 삶의 문제에 직면하지만, 예수 그리스도의 보혈의 능력을 신뢰하지 못하기에 십자가의 보혈을 의지할 생각이 없다. 어쩌다가 기도 자리에 앉았어도 신세 한탄만 하다가 자리를 뜨기에 아무런 일도 일어나지 않는다. 아니라고? 예수 그리스도께 문제의 해결을 요청해 보았다고? 그렇다면 왜 지금은 기도하지 않는가? 그분이 당신의 문제를 해결해 주시기 위해 이 땅에 오셨다는 사실을 신뢰하지 않기 때문에, 조금 기도하다가 아무런 일이 일어나지 않자 중도에 포기한 것이다. 말하자면 문제를 해결하는 데 필요한 믿음의 기도를 하지 않았기 때문이다. 예수님은 당신이 문제를 내뱉자마자 득달처럼 달려와서 해결해 주는 해결사가 아니다. 그분은 당신의 영혼을 지옥에 던져 넣을 수 있는 두려운 분이시다. 그런데 당신이 믿음이 별로 없기에, 조금 기도하다가 집어치우는 것이다.

사람들이 인생을 살아가면서 부딪치는 문제는 죄다 그들의 죄악 때문에 생긴 결과이다. 사업이나 투자에 실패하여 빚더미에 오른 이유는 탐욕과 조급함이라는 죄 때문이고, 대인관계의 갈등에서 생긴 문제들은 분노와 짜증을 다스리지 못하고, 이기적이고 자기중심적인 악한 성품을 처리하지 못했기 때문이다. 성경에서는 자기를 사랑하고 교만하며 다른 이들을 미워하는 것이 죄다 죄악이라고 말하고 있다. 정신질환을 비롯한 육체적인 고질병의 원인도, 성경은 죄로 인한 결과라고 말하고 있다. 쾌락을 좇는 성품도 타락한 옛사람의 죄성을 추구한 결과이다. 그래서 알코올중독자가 되고, 포르노중독에다 게임 폐인이 되는 것이다. 성경에는 빚을 지는 것은 탐욕과 방탕을 좇는 악한 행위라고 말하는데, 요즘은 VIP 신용카드를 소유하는 것을 마치 훈장처럼 여기고 있다. 그래서 신용카드의 부채가 3개월만 연체되어도 악성 부채자의 열차에 탑승하게 되어 평생 걱정과 염려, 두려움과 좌절에 빠져 살아야 한다. 음란과 불륜은 말할 것도 없이 사악한 죄악의 모습이다. 성경은 돈을 사랑하고 쾌락을 좇는 것이 말세에 사람들의 삶의 모습이라고 말하고 있다. 당신이 처한 인생의 문제는 죄다 죄 때문에 일어난 결과인데 죄와 싸울 생각도 없고, 죄를 이길 능력도 얻지 못하고 있기 때문에 고단하고 황폐한 삶을 살아가는 것이다. 아니라고? 월급을 적게 주는 직장이나 무능한 남편, 씀씀이가 헤픈 아내, 공부를 하지 않는 자녀, 성격이 더러운 배우자나 직장 상사, 무능한 정부와 국회의원, 공부를 제대로 시키지 못한 부모, 시대를 잘못 타고난 불운 때문이라고? 그렇게 보는 것은 문제의 실체를 보지 못하게 속이는 악한 영의 계략이다. 근본적인 원인은 탐욕과 방탕을 추구하는 타락한 옛사람의 육체를 지니고 있는 죄성을 방치하며, 이를 부추기고 죄의 덫을 밟게 하는 악한 영 때문인 것이다.

예수 그리스도가 이 땅에 오신 것은 다름이 아니라, 십자가에서 보혈을 흘려주셔서 당신의 죄를 용서해 주시기 위해서이다. 그렇다면 이제 당신이 해야 할 일은 보혈의 능력을 의지하며 죄와 싸워 나가는 것이다. 그런데 아쉽게도, 예수를 그리스도로 영접하고 십자가에서 흘리신 보혈의 능력을 믿는다고 고백한 수많은 크리스천들이 정작 삶에서 죄와 싸우려 하지 않는다는 것이다. 그 이유는 십자가의 보혈의 능력을 믿는 믿음이 없기 때문이다. 정확하게 말하자면, 믿는 게 아니라 지식으로 배운 기독교의 교리로 아는 것이다. 그래서 보혈의 능력을 의지할 생각도 없고, 삶에 적용할 시도조차 하지 않는다. 이는 마치 전기가 들어오지 않는 산속의 별장에서 전기제품을 보유하는 것과 같다. TV나 컴퓨터, 냉장고, 세탁기를 폼나게 장식해 놓아도 아무 짝에서 쓸모없는 장식품에 불과하다. 당신이 십자가의 보혈을 믿는다면 걱정과 염려, 두려움과 공포, 낙심과 좌절, 분노와 짜증, 미움과 시기, 질투와 싸움, 음란과 의심 등의 죄가 공격해 올 때마다, 예수 보혈의 능력을 의지하며 피 터지게 싸워야 한다. 탐욕과 쾌락이 감정을 사로잡을 때마다 예수 피를 외치며 싸워 나가야 한다. 악한 영들이 쳐 놓은 죄와 싸울 때마다, 예수님의 보혈의 공로를 의지하는 기도에 매진해야 한다. 당신이 그동안 불행하게 산 이유는 영혼과 삶을 갉아먹는 죄악을 방치한 탓이다. 이는 예수님이 십자가에서 흘리신 보혈을 믿지 않았기 때문이다. 만약 보혈의 능력을 믿었다면, 날마다 쉬지 않고 보혈의 능력을 외치며 예수님께 문제를 호소하였을 것이다. 이제 알았다면, 지금부터라도 삶의 현장에서 예수 피를 외치며 죄와 피 터지게 싸워야 한다.

> 또 떡을 가져 감사기도 하시고 떼어 그들에게 주시며 이르시되 이
> 것은 너희를 위하여 주는 내 몸이라 너희가 이를 행하여 나를 기념
> 하라 하시고 저녁 먹은 후에 잔도 그와 같이 하여 이르시되 이 잔
> 은 내 피로 세우는 새 언약이니 곧 너희를 위하여 붓는 것이라(눅
> 22:19~20)

예수님은 제자들과 최후의 만찬에서 빵과 포도주로, 자신의 살과 피를
먹는 상징으로 여겨서 대대로 기억(기념)하라고 명령하시고 이 땅을 떠
나가셨다. 그러나 우리는 단지 교회의 절기마다 행하는 성찬식의 근거
로 여길 뿐이다. 예수님의 살과 피를 마신다는 것은, 십자가에서 흘리신
보혈의 능력을 당신 안에 간직하라는 말씀이다. 그러나 아무도 그럴 생
각이 없기에, 죄와 싸우지 않아서 불행하고 고통스럽게 살다가 지옥의
불길에 던져지는 것이다.

어떻게 예수 피를 외치는 기도를 할 것인가?

필자가 하루에 방해받지 않고 기도하는 시간은 대략 4~5시간 정도 된
다. 아침에 일어나서 2시간 이상을 기도하고, 잠자리에 들기 전에 1~2시

간 하는 기도가 일상습관으로 자리잡았으며, 낮에도 1~2시간 기도를 하고 있다. 그 외에도 삶의 현장에서 틈틈이 기도하고 있다. 기도하는 내용은 아침기도와 그 외의 기도시간이 다르다. 아침기도 시간은 대략 한 시간 동안 예수 피를 의지하며 회개하고 감사하는 기도로 채우고, 그 다음에는 성령께서 필자에게 명령하신 내용을 간구하고 영성학교 식구들의 이름을 불러 가며 기도한다. 그 이외의 기도시간은 하나님의 이름을 부르고 찬양하며 감사하면서 성령께서 인도해 주시는 대로 자유롭게 성령과 교제하는 기도를 하고 있다. 그래서 예수 피를 의지하며 하는 필자의 기도방식에 대해 말씀드리겠다.

필자는 아침에 잠자리에서 일어나자마자 예수 피를 외치면서 생각을 지우는 기도를 하고 있다. 미혹의 영은 잠을 잘 때 들어와서 공격하기 때문이다. 그러나 잠을 잘 때는 이들의 공격을 인지하고 싸울 수 없는 노릇이다. 그래서 잠자리에서 일어나자마자 예수 피를 외치면서 생각들을 쫓아내고 있다. 샤워를 하고 기도자리에 앉으면 본격적으로 몸에 힘을 주고 생각을 쫓아내는 기도에 집중한다. 그래서 어느 정도 시간이 지나서 잡생각들이 사라지고 집중력이 유지되면, 그다음에는 회개기도를 한다. 회개하는 내용은 필자가 그간 잘 넘어졌던 죄의 목록을 나열하고 예수 피의 공로로 씻어 달라고 기도한다. 한 번 하는 것이 아니라 다른 목록으로 자연스레 넘어갈 때까지 반복적으로 회개한다. 다른 목록을 회개하면서 그 죄가 생각나면 또 다시 돌아와서 회개한다. 그리고 필자의 연약함과 부족함으로 짓는 죄들을 회개한다.

거룩하게 살지 못한 죄, 항상 기뻐하지 못한 죄, 모든 일에 감사하지 못한 죄, 모든 하나님의 뜻을 철저하게 순종하지 못한 죄, 쉬지 않고 기도하지 않은 죄, 자기의, 교만, 자기자랑, 자기확신, 위선, 거짓말(남을 의식해서 과장되게 말한 것 포함), 가족과 이웃, 영성학교 식구들을 사랑하지 못한 죄, 하나님을 전심으로 사랑하지 못한 죄 등 엄청나게 많다. 그래서 이들 목록을 열거해 가면서 반복적으로 예수 피를 의지하며 회개하는 기도를 한다. 그리고 어느 정도 시간이 지나면 감사하는 기도를 시작한다. 감사의 내용의 주류를 이루고 있는 것은, 그동안 필자에게 주신 여러 감사의 목록을 나열하며 감사기도를 하지만, 그보다 더 중요한 것은 가장 아끼는 외아들 예수님을 사지로 보내 주실 정도로 우리를 사랑한 성부 하나님과, 끔찍한 고통이 기다리고 있는 십자가의 길을 마다하지 않으시고 묵묵히 그 길을 걸어가신 예수 그리스도의 십자가의 공로를 감사하는 기도이다.

이 3가지 기도의 중심은 죄다 예수 그리스도의 십자가의 보혈을 의지하는 기도이다. 십자가에서 흘리신 보혈의 공로와 능력이 없다면 죽어 마땅할 죄인이며, 우리의 힘과 능력과 지혜로는 지옥의 형벌에서 피할 수 없기 때문이다. 그럼에도 우리는 날마다 죄를 쌓아 두고 있으니 머리를 들 수 없는 극악무도한 죄인에서 벗어날 수 없지 않은가? 그래서 필자가 할 수 있는 일이라고는, 그저 날마다 예수 그리스도의 십자가 보혈을 의지하며 죄를 용서받고, 악한 영이 넣어 주는 죄와 피 터지게 싸우고, 그 보혈의 공로를 감사하는 기도로 채우며 살아가는 것이다. 이 기도시간이 대략 1시간이 훌쩍 넘는다. 그래서 이 기도를 마치고 하나님의 뜻을 간구하고 중보기도를 하면 2시간이 넘는다. 그리고 낮이나 저녁에는 하나님의 이름을 부르고 감사하며 찬양하고 경배하는 기도로 채운다.

 필자가 예수 그리스도의 보혈을 의지하는 기도의 모습을 알려 드리는 이유는, 예수 피를 의지하지 않는 기도는 사상누각이기 때문이다. 수많은 크리스천들이 기도하지 않는 이유는 기도응답이 내려오지 않았거나 기도의 기쁨이 사라졌기 때문이며, 교회에서 정한 기도시간에 기도하는 이들도 예수 피를 의지하는 기도가 아니라 자신의 유익을 구하며 삶의 문제를 해결해 달라는 기도만을 하고 있기 때문이다. 그런 기도는 하나님이 듣지 않는 기도이며 악한 영이 속여 넣어 준 기도이다. 그래서 기도응답이 없으며 하나님과 교제하는 평안과 기쁨도 없는 것이다. 그러므로 모든 기도의 바탕에는 예수 그리스도의 보혈을 의지하며 죄를 용서함 받고 죄와 싸우고 죄를 넣어 주는 악한 영과 싸워 이기며, 성부 하나님과 예수님의 희생을 감사하는 기도로 채워야 할 것이다. 그렇게 해야 성령과 동행하는 성령의 사람이 될 수 있다.

3부

하나님을 만난 사람은
어떤 삶을 누리는가?

크리스천이라면 누구나 성경의 위인들이 누렸던 삶을 꿈꾼다. 오직 하나님을 믿었다는 것만으로 믿음의 조상의 반열에 오른 아브라함, 형의 장자권을 훔치고 도망자의 인생을 살았던 야곱이 얍복강가에서 천사와 싸워 이긴 기도의 전리품으로 이스라엘의 건국시조가 되었으며, 그의 아들 요셉은 노예로 팔려가 지하 감옥에서 생사를 넘나들다가 일약 당시 세계최강대국 애굽의 국무총리가 되는 드라마틱한 인생을 살았다. 다니엘과 사무엘, 다윗 등 이름만 열거해도 가슴이 뛰고 앞이 아득해지는 인물들이 성경에 널려 있다. 그래서 우리는 이들의 생애를 읽으면서 하나님의 총애를 받아 누리는 형통하고 행복한 삶을 꿈꾼다. 그러나 현실을 차갑기 그지없다. 신앙생활은 무미건조하며 무거운 짐일 뿐이다. 물론 그간 하나님의 은혜도 간간이 있었지만 언 발에 오줌 누는 격에 불과하다. 그렇다면 이참에 하나님의 축복의 약속을 성경에서 촘촘히 살펴보자.

1

성경에서 약속한 축복

네가 네 하나님 여호와의 말씀을 삼가 듣고 내가 오늘 네게 명령하
는 그의 모든 명령을 지켜 행하면 네 하나님 여호와께서 너를 세계
모든 민족 위에 뛰어나게 하실 것이라 네가 네 하나님 여호와의 말
씀을 청종하면 이 모든 복이 네게 임하며 네게 이르리니 성읍에서
도 복을 받고 들에서도 복을 받을 것이며 네 몸의 자녀와 네 토지
의 소산과 네 짐승의 새끼와 소와 양의 새끼가 복을 받을 것이며
네 광주리와 떡 반죽 그릇이 복을 받을 것이며 네가 들어와도 복을
받고 나가도 복을 받을 것이니라 (신 28:1~6)

위의 말씀은 모든 크리스천이 바라마지 않는 하나님의 축복을 열거하
고 있다. 그러나 이 축복의 수혜자가 누구인가? 3분짜리 영접기도에 동
의하고 교회의 예배의식에 참석하는 자가 아니라, 하나님의 모든 명령
에 절대복종하고 지키려고 애쓰는 자들이다. 그러나 오랫동안 교회 마

당을 밟고 있더라도 종교적인 의식과 희생적인 신앙행위를 반복하고 있을 뿐, 성경에서 명령하는 모든 하나님의 뜻에 절대복종할 생각이 없는 이들이 허다하다. 이들의 입에서 나오는 변명은 부족하고 연약한 사람으로서 어떻게 성경대로 살 수 있느냐는 항변이다. 그러면서 자신들도 나름대로 노력하고 애쓰고 있다는 답변으로 마무리짓는다. 이 말의 뜻은 성경대로 살 수 없기 때문에 어쩔 수 없다는 것이다. 그렇다면 하나님은 자신의 뜻대로 살 수 없는 연약한 인간에게 불가능한 명령을 내리신 악한 주인이라는 뜻인가? 연약하고 부족한 인간은 전지전능한 하나님의 명령대로 살 수 없는 존재라서 포기하는 게 당연하다는 의미인가? 그렇다면 성경의 위인들은 우리와 같은 부족한 인간이 아니라 하나님과 동등한 능력의 소유자였는가? 그들이 하나님의 총애를 받아 놀라운 축복의 삶을 누렸던 것은 하나님의 모든 명령을 빠짐없이 순종하고 지켜서가 아니라 그렇게 살려고 아등바등하며 몸부림치는 믿음을 보였기 때문이다. 그러나 자신의 무능과 무기력을 방패 삼아 하나님의 뜻을 지킬 생각이 없다면 주인의 말에 불순종하는 악한 종일뿐이다. 그래서 신앙의 연륜이 쌓이고 교회 직분이 높은 이들도 고단하고 팍팍하게 살아가는 것이다. 신명기 28장의 축복은 설교 단상에서 귀에 못이 박히도록 들어왔을 것이다. 그러나 삶의 현장에서 이 축복을 누리지 못하는 이유는 그것이 교회에서 요구하는 종교행위나 신앙생활로 얻어지는 것이 아니라, 성경에서 명령하는 하나님의 뜻에 절대복종하려고 애쓸 때 얻어지는 것이기 때문이다. 그러나 자신의 무능과 무기력을 앞세워, 절대복종할 생각이 없기 때문에 하나님의 축복의 수혜자가 되지 못하는 것이다.

사랑하는 자여 네 영혼이 잘됨 같이 네가 범사에 잘되고 강건하기

를 내가 간구하노라(요삼 1:2)

　위의 구절은 신명기 28장의 축복을 한 문장으로 압축해 놓은 것과 같다. 하는 일마다 잘되고 건강한 축복이 바로 그것이다. 그러나 이런 축복의 수혜자가 먼저 누리는 조건이 바로 영혼이 잘되는 것이다. 영혼이 잘된다는 뜻은 구원받은 영혼이라는 의미이다. 그러므로 구원을 얻은 백성들이 누려야 할 축복이 바로 세상에서 하는 일마다 형통하고 건강을 누리는 것이다. 그러나 교회에 나와 예배를 드리는 이들은 죄다 구원을 얻었다고 자타가 공인하고 있지만, 정작 하는 일마다 잘되지도 않고 온갖 정신질환과 고질병으로 신음하고 있는 이들이 널려 있다. 그렇다면 둘 중의 하나이다. 성경말씀이 거짓이거나 구원을 받은 백성이 아니라는 뜻일 게다. 그러나 둘 중 어느 하나도 인정할 수 없는 이들은 어려운 신학용어를 들이대며 난해하게 설명하거나, 다른 성경구절을 들이대며 물타기를 하거나 뜬금없이 믿음이 없다는 질책으로 논점의 본질을 회피하고 있다. 그러나 성경의 위인들은 성경과 딱 맞아 떨어지는 삶으로 성경말씀이 진리임을 증명하였다. 그러므로 자신의 삶을 비추어 보아서 성경에서 약속한 축복과 다른 삶을 살고 있다면 자신이 구원받은 영혼이 아니라는 것을 통감하고 회개하며 죄악 된 삶에서 돌이켜야 할 것이다. 그러나 현실을 회피하거나 변명에 급급하면서 손바닥으로 하늘을 가린다면, 머지않아 심판대 앞에서 자신의 무지와 어리석음의 대가를 혹독하게 치르게 될 것이다.

믿음의 능력과 표적

진실로 너희에게 이르노니 만일 너희에게 믿음이 겨자씨 한 알 만큼만 있어도 이 산을 명하여 여기서 저기로 옮겨지라 하면 옮겨질 것이요 또 너희가 못할 것이 없으리라(마 17:20)

성경 곳곳에는 하나님의 백성들이 지닌 하나님의 능력에 대해 소개하고 있다. 예수님은 겨자씨만 한 작은 믿음만 있어도 놀라운 기적의 주인공이 될 수 있다고 말씀하고 계시다. 겨자씨는 들깨만큼 아주 작다. 이처럼 작은 믿음이라도 경이로운 기적을 드러낸다는 말이 믿어지는가? 성경이 진리이신 하나님의 말씀이라는 것을 믿는 거야 어렵지 않지만, 이처럼 삶의 현장에서 기적을 드러내는 일은 별개의 일이다. 그렇다면 이런 기적이 일어나지 않는 사람들은 누구인가? 믿음이 없다는 것을 인정할 수도 안 할 수도 없어 곤혹스러운 크리스천들이 한둘이 아닐 것이다. 그래서 이런 말에 대해서 목사들이나 교인들이나 할 것 없이 죄다 구체적인 언급 없이 두루뭉술하게 넘어간다. 그러나 심판대 앞에서는 더 이상 도망치기 어려울 것이다. 누가복음 18장에서 예수님께서는 불의한 재판장을 쫓아다니는 가난한 과부의 비유를 시작하시면서, 항상 기도하고 낙심하지 말아야 할 것을 말씀하신다. 그리고 비유를 마치고는 불길한 예언의 말씀을 덧붙이시는데, 그 말씀은 인자가 올 때에 세상에서 믿음을 보겠느냐는 기이한 독백이셨다. 예수님이 재림주로 오실 때 이 세상에서 믿음이 있는 자들이 거의 없을 것이라는 말씀이다. 그러나 이 말씀을 읽으면서 경악하는 크리스천들도 없다는 것이 더 기이한 일이 아닐까? 하나님이신 예수님이 하신 말씀이니까 한 치의 오차도 없이 일어날 것이다. 그러나 이 땅에서 지금의 무능하고 무기력한 믿음으로도 천국의 자격을 철석같이 믿고 있는 우리네 크리스천들의 무지하고 어리석은 믿음이 답답하기 짝이 없는 노릇이다.

믿는 자들에게는 이런 표적이 따르리니 곧 그들이 내 이름으로 귀신을 쫓아내며 새 방언을 말하며 뱀을 집어올리며 무슨 독을 마실지라도 해를 받지 아니하며 병든 사람에게 손을 얹은즉 나으리라 하시더라(막 16:17~18)

믿는 자들의 표적이 무엇인가? 교회예배에 성실하게 참석하고 교회에서 요청하는 희생적인 신앙행위를 열정적으로 하는 것인가? 뭐, 그런 것도 참고할 수는 있겠지만, 중요한 잣대는 당신이 생각하는 것이나 교회에서 말하는 것이 아니라 성경에서 콕 집어서 말씀하신 것이 아니겠는가? 그게 바로 위의 구절이다. 믿는 자들은 귀신을 쫓아내며 귀신들의 공격에서도 안전하게 살며 각종 정신질환과 고질병을 치유하는 기적들이 일어나는 표적으로 증거를 삼는다고 말이다. 그러나 우리네 교회는 이런 기적과 이적들은 초대교회에 한정된 일들이라며 일축하고 있다. 그러나 성경의 첫 장부터 마지막 장까지 기적으로 도배하고 있지 아니한가? 그런데 왜 이런 기적들이 초대교회에만 한정되었다고 주장하는가? 그 이유는 자신들에게 이런 기적이 일어나지 않기 때문이다. 위에 언급한 하나님의 축복과 믿음의 능력, 기도의 응답은 죄다 성령의 능력을 통해 이루어진다. 말하자면 물과 성령으로 거듭난 성령의 사람들에게만 나타나는 현상이다. 성령의 사람은 성령이 안에 들어와서 거주하시고 통치하시는 사람이기 때문이다.

하나님의 나라

하나님의 나라를 한자어로 천국(天國)이라고 말한다. 정확한 원어의 뜻은 하나님의 왕국이다. 즉 하나님께서 다스리시고 통치하시는 곳이다. 모든 크리스천은 예수를 믿고 교회를 잘 다니다가 이 땅을 떠나면 천국에서 영원히 행복하게 살 것을 꿈꾸고 있다. 그러나 천국은 예수님께서 우주의 한쪽 구석에 지어 놓으신 신도시가 아니라, 하나님이 다스리는 곳이라고 말하고 있다. 그러므로 그게 어디이든지 상관없이 하나님이 왕으로 계신 곳은 천국이 이루어진다. 그러므로 이 땅에서 살 때도 천국이 이루어지는 것은 당연하다. 그곳이 어디인가? 바로 당신 안이다.

바리새인들이 하나님의 나라가 어느 때에 임하나이까 묻거늘 예수께서 대답하여 이르시되 하나님의 나라는 볼 수 있게 임하는 것이 아니요 또 여기 있다 저기 있다고도 못하리니 하나님의 나라는 너희 안에 있느니라(눅 17:20~21)

예수님은 하나님의 나라가 눈에 보이는 장소의 개념이 아니라 통치자의 개념이며, 하나님이 다스리는 곳이면 어디서나 천국이 이루어지며, 성령 하나님이 들어오셔서 다스리시는 사람이면 누구나 천국을 이루며 살고 있다고 말씀하신다. 그렇다면 그 증거가 무엇인가?

하나님의 나라는 말에 있지 아니하고 오직 능력에 있음이라(고전 4:20)

그러나 내가 하나님의 성령을 힘입어 귀신을 쫓아내는 것이면 하나님의 나라가 이미 너희에게 임하였느니라(마 12:28)

하나님의 나라는 먹는 것과 마시는 것이 아니요 오직 성령 안에 있는 의와 평강과 희락이라(롬 14:17)

성경은 여러 곳에서 하나님이 다스리는 하나님 나라의 증거에 대해 말씀하고 계시다. 그중 첫 번째의 증거가 바로 성령의 능력이 드러나는 것이라고 하시며, 구체적으로 귀신을 쫓아내는 것이라고 말씀하고 계시다. 또한 하나님의 성품이 드러나야 한다면서, 성령이 안에 거주하는 사람은 하나님의 의과 평안과 기쁨이 넘쳐나야 한다고 말씀하신다. 하나님의 의는 예수 그리스도의 보혈의 능력으로 죄가 용서함을 받아서, 죄로 인해 육체가 병들고 삶이 파괴되며 삭막했던 영혼이 건강해지고 삶이 회복되며 영혼이 기쁨으로 채워지는 것으로 증명이 되어야 한다. 그러나 아쉽게도 우리네 교회는 3분짜리 영접기도를 하면 성령께서 자동적으로 들어오신다고 가르치고 있다.

그러나 성령이 누구신가? 전지전능한 하나님이시다. 전지전능한 하나님이 들어오셔서 다스리는 하나님의 나라가 이루어졌다는 것이 아닌가? 그런데 대부분의 크리스천들은 무능하고 무기력한 믿음으로 고단하고 팍팍하게 살아가고 있으니 기가 막힌 일이다. 그래서 자신 안에 성령이 계시다는 것을 믿지 못하겠다고 의구심을 표하면 믿음이 없다는 질책이 되돌아온다. 그러면서 성령이 계시기는 하지만 믿음이 부족해서 존재감을 드러내시지 않는다고 하면서 성령충만을 받아야 한다고 한다. 우리네 교회에서 성령충만을 받는 행위는 드럼과 키보드가 난무하는 콘서트를 방불케 하는 찬양집회에서 열정적으로 찬양을 부르며 통성기도를 하면서 느끼는 감정의 격앙을 말한다. 그러나 집회장을 나서기가 무섭게 냉랭하고 건조한 마음으로 되돌아온다. 이는 나이트클럽이나 노래방에서 열정적으로 노래를 부르며 춤을 출 때 느끼는 감정의 격앙일 뿐이다. 성령이 안에 계신 증거는 위의 성경말씀대로 전지전능하신 성령의 능력으로 증명해야 하는 것이다. 그러나 하나님을 만나서 동행하는 삶이 아닌, 관념적이고 사변적인 성경해석을 토대로 인위적인 종교행위와 감정을 격앙시키는 찬양집회를 통해 증명하려고 하니 기가 막힌 일이다.

2

하나님을 만났다는 증거는 무엇인가?

———

　하나님을 만났다는 것은 무엇으로 증명하는가? 가장 중요한 것은 성경의 잣대대로 이루어져야 할 것이다. 그러나 대부분의 우리네 교인들은 교단신학자들이 주장하는 교단교리를 앵무새처럼 가르치는 목사들의 말을 하나님의 말씀으로 받아들이고 있다. 그래서 성경의 약속이 자신의 삶에서 이루어지지 않더라도 의심하거나 고민하지 않는다. 기이한 일이다. 이는 미혹의 영이 우리네 교회지도자와 교인들의 머리를 타고 앉아 속이고 있기 때문이다. 그러므로 하나님을 만났다는 증거는 성경의 잣대로 재서 자신의 삶에 드러나야 할 것이다. 그렇다면 성경의 잣대를 찬찬히 살펴보자.

마음의 평안

　하나님의 속성을 가장 잘 말해 주는 것이 바로 평안함이다. 예수님이 부활하시고 처음으로 만나 주신 사람이 막달라 마리아이다. 그때 무어라고 말씀하셨는지 아는가? 바로 평안하냐고 물어보셨다. 죽으신 줄 알았는데 눈앞에 갑자기 나타났으니, 마리아가 얼마나 놀랐는지 상상하기 어려울 것이다. 그럼에도 평안하냐고 물어보셨으니 기이한 일이다. 그 이유는 하나님께서 당신의 자녀들에게 가장 원하시는 것이 평안이기 때문이다. 이렇듯 하나님과 만나 동행하는 자의 가장 큰 특징이 바로 평안함이다. 그래서 성경 곳곳에서는 하나님께서 평안을 주고 싶어 하신다고 말씀하고 계시다. 요한복음 14장 27절을 보면 예수님께서는 자신이 주는 평안은 세상이 주는 평안과 같지 않다고 말씀하시며 근심하지도 말고 두려워하지도 말라고 명령하셨다. 필자는 일상의 삶에서도 항상 마음속에 평안이 있는지를 늘 점검하고 있다. 성령이 함께하시는 평안은 아무런 사건이 없는 무사안일과는 다르다. 무사안일한 상태는 지루하고 무료하므로 무언가 재미있는 것을 찾게 되어 있다. 그래서 사람들은 친구에게 전화를 하거나 영화나 TV, 혹은 스마트폰을 검색하고 쉴 새 없이 게임을 한다. 하나님과 동행하는 데서 채워지는 평안은 아무것도 하지 않아도 무료하거나 지루하지 않으며, 설령 걱정이나 근심거리가 있더라도 두려움이 오거나 불안하지 않다. 예수님께서 내가 주는 평안은 세상이 주는 평안과 같지 않다고 말씀하신 것처럼, 세상의 상황이나 환경에 상관없이 무조건적인 평안으로 채워져 있어야 한다. 그래서 평안이 사라지며 걱정이나 불안이 들어올라치면, 즉시 예수 피를 외치며 부정적인 생각을 넣어 주는 미혹의 영의 계략을 물리쳐야 한다. 평안은 성령께서 주시는 것이며, 불안과 걱정 등의 불신앙의 죄를 짓게 되면 이 평안이 사라지게 되므로 즉각 싸워서 빼앗기지 말아야 한다.

성품과 행동의 변화

성령께서 우리 안에 들어오시게 되면 우리의 마음과 생각을 변화시켜 주신다. 육체의 욕심과 쾌락을 좇으며 세상과 세상의 것을 추구하는 세속적인 마음에서, 하나님의 뜻을 구하며 하나님과 같이 있는 것을 기뻐하는 영의 사람으로 변화하게 된다. 그래서 완악하고 자기중심적이며 사납고 고집스러운 성품에서 유순하고 불쌍히 여기며 사랑이 풍성한 성품으로 변화되는 것이다. 하나님이 우리 안에 들어오시면 이렇게 거룩하신 하나님의 성품으로 변화되는 것이 하나님과 만나서 동행하는 증거이다. 그러나 오랫동안 기도를 해 왔고 희생적인 신앙행위를 열정적으로 해 왔어도 성품이 유순하고 거룩하게 변화하지 않는다면 여전히 성령과 아무런 상관이 없는 종교적인 사람으로 남아 있는 것이다. 하나님은 내가 거룩하니 너희도 거룩하라고 명령하셨고 성경 곳곳에서 하나님을 본받으라고 권면하고 있다. 그래서 하나님과 동행하는 사람들이 거룩한 하나님의 성품으로 변화하는 것은 당연하며, 사랑이 많으신 하나님의 성품을 삶에 적용하므로 행동이 확연하게 변화하는 것을 가족을 포함해서 가까운 주변 사람들이 감지하게 된다.

형통하고 순적한 삶

하나님을 만나서 동행하는 세 번째 증거는 바로 형통하고 순적한 삶이다. 이것은 대부분의 크리스천들이 바라 마지않는 로망이지만, 실상은 그렇지 못한 차가운 현실을 인정해야 할 것이다. 그래서 목회자들은 천국에 들어가서 영원히 행복하게 살려면 이 땅에서 고난과 어려움을 이겨 내야 할 것이라고 말하거나, 견고한 믿음으로 단련시키기 위한 고난을 기꺼이 받아들이고 참아 내야 한다고 권면하기도 한다. 그러나 그 고난과 역경이 무지와 어리석음이나 무능하고 무기력해서 발생했다면 하나님과 상관이 없다. 하나님의 나라를 확장하거나 영혼을 구원하기 위한 사역을 하면서 필연적으로 맞닥뜨리게 되는 고난은 하나님이 기뻐하실 것이다. 그런 하나님의 자녀라면 하나님께서는 영혼에 기쁨을 주시고 삶에 형통함을 주신다. 성경은 일관되게 하나님이 기뻐하시는 백성에게 형통하고 순적한 삶을 약속하고 계시다. 그러므로 당신이 하는 일마다 열매가 없으며 실패뿐이라면 하나님을 만나고 동행하지 않는다는 증거일 뿐이다. 하나님은 지혜로 세상을 지으시고 대자연을 섭리하시며 인간의 생사화복을 주관하시는 분이시다. 그러므로 전지전능한 하나님이 당신 안에 들어와 계시다면, 세상을 다스리시는 하나님의 지혜와 통찰력으로 하는 일마다 순적하고 형통하게 되어야 하는 것은 당연한 일이다. 그러나 이를 무시하고 자의적으로 생각해 낸 은혜와 열매가 있었노라고 항변하면서 외면한다면, 고난의 떡을 먹고 불행의 물을 마시며 고통스러워하다가 이 땅을 떠나게 될 것이다. 우리의 주인이신 하나님은 당신의 자녀들이 이 땅에서 하는 일마다 잘되고 형통하게 해 주시는 전지전능한 아버지이기 때문이다.

가족들의 구원

하나님을 만난 사람들의 또 다른 증거는 가족들의 구원이다. 예수를 믿으면 너와 네 집이 구원을 얻으리라고 약속하셨다. 노아의 여덟 식구들은 노아의 믿음으로 죄다 방주에 타게 되었으며, 롯의 아내(결국 소금 기둥으로 삶을 마치긴 했어도)와 두 딸도 소돔과 고모라의 재앙에서 벗어날 수가 있었다. 이 역시 롯을 하나님이 아끼셨기 때문이다. 하나님은 가족들이 죄다 지옥에 떨어지고, 자신만 천국에 들어간다면 마음이 즐거울 수가 없다는 것을 잘 알고 계시다. 그래서 하나님은 누군가가 하나님을 만나서 동행하는 삶을 사는 믿음이 있다면, 다른 가족들의 마음을 만져 주셔서 구원에 이르는 믿음을 주시기를 원하신다. 그러므로 이 잣대로 재면 자신이 하나님을 만난 증거를 가늠할 수 있다. 필자는 영접기도를 하고 주일성수를 하는 것을 구원의 잣대로 삼지 않는다. 기도와 말씀으로 하나님을 만나는 영적 습관을 들여서 영혼과 삶에 그 증거가 나타나는 것으로 인정을 한다. 그러므로 사랑하는 가족들에게 구원을 얻는 믿음을 주셨는지의 여부를 통해 신앙의 현 위치를 점검하면 될 것이다.

성령의 능력

하나님을 만난 사람들의 필수적인 조건은 성령의 능력의 유무이다. 안타깝게도 우리네 교회에서는 영접기도를 하고 주일성수를 하는 교인들 안에는 성령이 거주하고 계시다고 가르치고 있지만, 성경에서 약속한 성령의 능력은 눈 씻고 찾아볼 수 없는 게 우리가 마주한 차가운 현실이다. 사도행전의 사도들과 제자들을 보라. 그들 전부가 성령의 능력으로 귀신을 쫓아내고 정신질환과 고질병을 치유하고 각종 은사를 받아 사역을 하여 풍성한 열매를 맺으며 하나님의 나라를 확장해 나가지 않았는가? 그러므로 당신 안에 성령이 거주하시는 성령의 사람이 되었다는 증거는 기적과 이적으로 귀신을 쫓아내고 귀신들이 일으킨 정신질환과 고질병을 치유하면서 증명해야 할 것이다. 그러나 안타깝게도 우리네 교회는 이런 성령의 능력은 초대교회에만 한정된 하나님의 역사라면서 A.D. 1세기에 끝났다고 가르치고 있으니 기가 막힌 일이다. 그러나 필자와 영성학교는 아니다. 성령께서는 필자에게 귀신을 쫓아내고 고질병을 치유하는 능력을 준 것은 하나님이 살아 계시다는 것을 증명하기 위함이라고 말씀하셨다. 그래서 지금까지 영성학교를 열고 수백 명의 사람들에게서 귀신을 쫓아내며 고질병을 치유하면서 성령이 내주하는 기도훈련 사역을 하고 있는 것으로 하나님과 동행하고 있음을 증명하고 있다.

3

하나님을 만난 뒤에 변화된 필자의 삶

—

필자가 하나님을 부르는 기도를 시작한 지 벌써 25년이 넘었다. 책 전반부에 썼듯이 필자는 30대 초반에 사업에 실패하면서 무지막지하게 인생이 떠내려갔다. 가장 큰 어려움은 부채이자를 갚지 못해서 이자에 이자가 붙어서 빚이 산더미처럼 불어나는 것이었다. 신대원에 들어갔던 이유도 하나님께 빚 문제를 해결해 달라고 하기 위해서였고, 신대원을 졸업하고 세상에 나와서 닥치는 대로 살았지만 빚은 끝없이 불어나 있었다. 그래서 나중에는 자포자기하는 심정으로 낚시나 하러 다녔던 것이다. 그러다가 어둑해지는 낚시터에서 하나님께 간청하며 한 번만 기회를 달라고 호소한 게 하나님을 부르는 기도를 시작한 계기가 되었다. 그리고 마음을 다잡고 아내와 함께 저가화장품을 차에 싣고 식당가와 재래시장을 돌아다니거나 가까운 시골의 장터를 찾아다니며 장사를 하기 시작했다.

우리 부부는 특별히 아픈 데가 없었기에 몸만 건강하면 그럭저럭 살아갈 수 있었지만, 엄청난 빚의 이자가 항상 큰 짐이 되었다. 금융기관의 빚이라면 개인회생을 신청하거나 파산을 하면 재기를 노려 볼 수도 있었지만, 대부분 친척들의 집이나 부동산을 담보로 빌린 돈이라 다른 방도가 없었다. 어쨌든 하나님을 부르는 기도를 하면서 세월을 보냈다. 그렇게 몇 년이 지나면서 놀라운 일이 일어났다. 친척들이 필자의 사정을 보고 상당수의 채무를 탕감해 준 것이었다. 그리고 소액의 부채를 진 금융기관에서도 이자를 낮추어 주면서 다른 상품으로 옮겨 주기도 했다. 그래서 열심히 노력해 이자가 높은 비교적 소액의 금융기관의 채무는 갚으면서 숨통이 트였다. 그렇지만 여전히 적지 않은 채무를 갚지 못한 상태에서 매월 이자를 내면서 세월을 보내고 있었다. 어쨌든 큰 덩어리의 빚이 줄어드니 그나마 숨을 쉴 수가 있었다. 10년 동안 늘어나는 이자를 보면서 채무독촉에 잠을 못 이룬 밤들이 허다했으며, 숨도 제대로 쉬지 못하고 살았는데 드디어 살아갈 여력이 생기게 되었다. 그래서 걱정과 시름을 덜고 기도에 힘을 보탤 수가 있었다.

그러나 채무원금을 갚을 여력은 전혀 없었다. 그러던 어느 날 친척의 부동산을 담보로 돈을 빌린 금융기관에서 빚을 상환해야 한다는 연락이 왔다. 아무런 말도 할 수가 없었다. 채무 상환일이 이틀로 다가왔다. 아내는 발을 동동 구르며 어떻게 하면 좋겠냐고 울상을 지었다. 그러나 겨우 먹고사는 형편에서 어떻게 수천만 원의 빚을 상환할 수 있겠는가? 그동안 사업이 떠내려가면서 부모형제는 물론 가까운 사람에게 손을 벌리지 않은 곳이 없었다. 그러나 필자가 할 수 있는 일은 아무것도 없었다. 그때 성령께서 필자 부부에게 말씀하셨다. 이번에는 지나가고 나중에 빚을 갚게 해 주겠다고 말이다. 기도한 지 10년이 지나면서 성령께서 음성이나 영음으로 말씀해 주셨지만, 그 내용은 대부분 기도나 신앙 혹은 사역에 대한 주제가 대부분이었다. 그러나 이번에는 필자의 개인적인 삶에 대한 말씀이었다. 그러나 이틀 뒤면 빚을 갚아야 하는데, 어떻게 순적하게 지나간단 말인가? 그래서 어떤 일이 생기는지 지켜보았다. 그다음 날 돈을 빌려준 친척에게 전화가 와서 부동산을 담보로 다른 은행에서 대출을 얻어 기존의 채무액을 상환했다고 말해 주었다. 그런데 더욱 신기한 것은 매월 갚아야 하는 이자가 더 줄어들었다. 성령께서 해 주신 말씀이 기적처럼 실제가 되었다. 그런 일이 있고 나서 1년이 채 되지 않아서, 성령께서 영성학교 사역을 열어 주셔서 충주의 한적한 시골로 이사를 오게 되었다.

그리고 마지막 남아 있던 부채는 약 5년 전 기적적으로 청산되었다. 어느 날 생면부지의 사람이 필자를 찾아와서 부채를 갚아 주러 왔노라고 했다. 필자의 부채에 대해 어떻게 알았느냐고 물으니 책을 보고 알게 되었다고 말했다. 그분이 준비해 온 액수는 필자에게 남아 있던 부채와 1원도 틀리지 않고 딱 맞았다. 그래서 예전에 성령님께서 나중에 부채를 청산해 주시겠다던 약속의 말씀이 성취되었다는 알고 감사하며 영광을 돌려드렸다.

참고로 필자는 영성학교 공동체 식구들에게 사례비를 받지 않겠다고 공언하고 사역을 하고 있다. 그렇다고 필자 부부가 따로 돈을 벌어 생계비를 충당하고 있는 것은 아니다. 공동체 식구들이 드린 헌금으로 생활비를 충당하고 사역에 필요한 비용도 쓰고 있다. 따로 사례비를 받지 않겠다고 공언한 이유는 노후생활을 위해 따로 챙겨 놓지 않겠다는 생각에서이다. 그 이유는 성령께서 사역을 열어 주시면서 필자에게 하신 말씀이 있기 때문이다.

성령께서는 사역을 시작하기 전에 앞으로는 장사를 하지 않고 필자가 치유하는 사람들로부터 수입을 얻게 될 것이며, 이 땅을 떠나는 날까지 재정적으로 돕는 사람들을 붙여 주어서 필요를 넉넉하게 채워 주시겠다고 약속하셨다. 이 말씀을 들은 때는 13년 동안 아내와 저가화장품 방문판매를 해 오고 있던 시절이었다. 무거운 화장품을 캐리어로 끌고 다니면서 고된 노동으로 아내는 몸이 많이 상했으며 나이가 먹을수록 힘이 부쳤다. 그래서 화장품 파는 시간을 반으로 줄이고 필자가 파트타임으로 구내식장에서 밥차 배달을 하고 있었다. 그런데 앞으로 더 이상 장사를 해서 돈을 벌지 않아도 된다고 하시니 듣던 중 반가운 소식이었다. 그러나 실제로 그런 일이 일어나야 성령께서 해 주신 약속임을 인정할 수 있지 않겠는가? 어쨌든 전반부에서 말씀드렸듯이 전혀 모르는 사람이 뜬금없이 전화를 걸어와서 자기 집을 주겠다고 제안해서, 혹시 성령께서 말씀하신 기도원인가 하여 찾아갔고 30년이 넘은 허름한 농가주택이라 실망했지만, 어쨌든 하나님이 하시는지 확인해 보겠다고 관망하는 태도로 영성학교 사역을 시작했던 것이다.

그래서 필자가 운영하는 다음(DAUM) 카페에 오프라인으로 기도훈련을 시작하겠다고 광고를 하고 나서, 과연 사람들이 찾아올지 궁금했다. 만약 사람들이 오지 않는다면, 양들을 보내 주겠다고 약속하신 게 성령이 아니라 미혹의 영이거나 필자의 자의적인 생각임에 틀림이 없을 것이기에 말이다. 그러나 기가 막히게도 매주 사람들이 기도훈련을 받겠다고 물어물어 찾아왔다. 2014년 11월 둘째 주부터 시작했으며 1달이 조금 지난 2015년 1월 1일이 되었다. 그날은 새해 첫날이라 공휴일이었는데, 직장생활을 하지 않은 필자는 공휴일에 대한 개념이 없었다. 그런데 그날 무려 40명이 넘는 사람이 찾아왔다. 공휴일이라 평소에 시간을 내지 못하는 사람들이 대거 몰린 것이다. 그래서 필자는 그 광경을 보고 경악하여, '이 사람들이 누워 잘 데가 없어 서서 자겠구나.'라고 생각할 정도였다.

　사실 이 사역을 시작할 때, 매주 목, 금, 토요일에만 하고 주일은 대전에 가서 두어 가정이 참석하는 가정교회에서 예배를 드려야겠다고 생각했다. 그러나 토요일 밤늦게 훈련이 끝나자 너무 늦어 취침을 하고 그다음 날이 주일이었는데, 훈련에 참석했던 사람들이 자신들의 교회로 돌아가지 않고 주일예배를 드려 달라고 요청했다. 그래서 매 주일 영성학교에서 예배를 드리게 되었다. 그러나 월요일부터 수요일까지는 대전에 내려가 화장품 장사를 해서 생계를 이어가야겠다고 생각했다. 13년 동안 장사를 했으므로 단골고객도 적지 않게 있어 전화 주문이 계속 이어졌다. 그러나 그날도 훈련생들의 식사를 위해 장을 보고 사역을 준비해야 했다. 그래서 13년 동안 이어진 화장품 장사는 사역이 열리고 나서 그대로 막을 내렸다. 그리고 주일예배 때 드려지는 헌금으로 필자 부부의 생계비와 사역 비용을 충당하게 되었다. 영성학교 사역이 시작된 지 10년이 지났으며, 기도훈련이 끝나고 나서도 영성학교를 교회공동체로 삼고 매주 전국 각지에서 찾아오는 사람들이 300명이 넘었다. 그동안 수백 명이 넘는 기도훈련생들에게서 수많은 기적과 이적이 일어나서 정신질환과 고질병이 낫고 삶의 지난한 문제가 해결되었기 때문이다. 성령께서 약속해 주신 대로, 필자에게서 치유를 받는 사람들을 통해 수입을 얻게 될 것이라는 예언이 성취되고 있는 셈이다.

영성학교를 연 지 6개월이 지나자 허름한 농가주택에 모든 인원을 수용할 수가 없게 되었다. 그래서 어쩔 수 없이 더 넓은 공간이 있는 장소를 구해야만 했다. 그러나 그럴 돈이 없었다. 그때도 성령께서는 더 이상 장소를 빌리지 않아도 된다고 하시면서, 양들 중에서 건물을 새로 지을 사람이 찾아올 것이라고 말씀해 주셨다. 그리고 그 예언의 말씀이 기적적으로 성취가 되어 농가주택에서 자동차로 10분 거리에 1200평의 땅을 사서 100여 평의 건물을 신축했다. 학교 건물을 신축할 때에도 영성학교 식구들에게 신축비용을 요구하지 않았음은 물론이다. 그러나 3년이 지나자 100여 평의 건물도 비좁게 되어 다시 증축을 해서 아주 너른 학교가 되었다. 성령께서 말씀해 주신 대로 사역 비용과 생활비가 부족하지 않게 넉넉하게 필요를 채워 주시고 있음은 물론이다.

지금의 필자는 자유롭게, 그 누구보다 자유롭게 살고 있다. 자유롭게 살고 있다는 것은 삶과 영혼을 속박하는 굴레에서 벗어나는 것이다. 그렇다면 그 굴레가 무엇인가? 가장 먼저 떠오르는 것이 돈일 게다. 그리고 건강, 그리고 자신에게 지대한 영향을 미치는 사람들과의 관계일 것이다. 그렇다면 하나씩 짚어 가며 들추어 보자. 먼저 당신은 돈으로부터 자유로우신가? 즉 항상 먹고살 만한 넉넉한 생계비가 주어지며, 노후에도 충분한 생활비가 준비되어 있는가? 그래서 돈 걱정 안 하고 살고 있는가? 아마 백만장자가 아니라면 그렇다고 대답하기 어려울 것이다. 돈 많은 사업가들도 돈 때문에 걱정과 근심에 쌓여 살고, 어떤 이는 자살을 하는 현실을 보라. 어쨌든 대부분의 사람들은 돈의 노예가 되어 강도 높은 노동을 하다가 세상을 떠나는 것이 우리가 마주한 암울한 현실이다.

필자가 하나님을 부르는 기도를 하면서부터 오랫동안 필자의 삶을 옥죄던 빚의 굴레에서 벗어나게 되었다. 당시 필자는 아내와 함께 재래시장과 식당가를 돌면서 저가화장품 방문판매를 했다. 하나님은 기적적으로 필자의 빚을 줄여 주셨으며 더 이상 빚을 지지 않도록 해 주셨다. 그리고 충주에 영성학교를 열어 주시면서, 앞으로는 필요를 넉넉하게 해 주시겠다고 약속하셨고, 이 땅을 떠나는 날까지 재정적으로 돕는 자를 보내 주시겠다고 언약하셨다. 필자가 충주에서 영성학교를 열 때는 지금의 공동체 식구들이 전혀 없었다. 그러나 하나님의 약속은 그때나 지금이나 날마다 변함없이 이루어지고 있다.

두 번째는 육체의 질병에서의 자유이다. 많은 이들이 자신과 식구들의 고질병과 정신질환으로 고통스러워하고 있다. 필자 부부는 특정한 고질병은 없었지만, 아내는 위장이 쇠약해서 비쩍 말랐으며 항상 비염에 시달렸다. 그러나 지금은 10대만큼 위장이 튼튼해졌으며 비염도 사라졌다. 필자도 장이 튼튼한 편이 아니었는데 지금은 건강하다. 사실 필자 부부가 이제 환갑을 한참 넘은 나이이니 건강이 나빠지는 나이가 아닌가? 그러나 예전보다 더욱 건강하다는 게 신기할 따름이다.

세 번째, 사람들과의 관계에서의 자유이다. 직장에 다니면 직장 상사나 경영진으로부터 속박을 받게 되며, 가정에서도 배우자 특히 아내는 남편에게 자유를 억압받고 있는 경우가 허다하다. 어떤 가정은 부모로부터 자유롭지 못하고, 늙어서 노동력이 사라져서 자녀에게 생활비를 보조받는 처지가 되면 자식으로부터 자유롭지 못하다. 또한 강압적으로 목회를 하는 담임목사가 시무하는 교회를 다니는 교인들은 신앙생활로부터 자유롭지 못할 것이다. 이는 하나님을 두려워하는 것과 다르다. 모든 크리스천들이 하나님을 두려워해야 하지만, 하나님은 그 대가로 평안과 기쁨을 주고 자유를 누리게 해 주신다. 그러나 목회자인 사람을 두려워하면 늘 주눅이 들어서 목회자의 눈치를 보는 것이다. 어쨌든 당신에게 지대한 영향을 미치는 사람들로부터 두려움을 느끼고 불안해하고 있다면 자유롭지 못하다는 증거이다.

이외에도 당신의 자유를 억압하는 것들은 무척이나 많을 것이다. 그 원인이 무엇인지 상관없이, 걱정과 염려, 두려움과 불안, 의심과 절망 등의 부정적인 생각으로 마음이 어둡다면 당신은 자유로운 영혼이 아니다. 필자는 하나님을 부르는 기도의 습관을 들인 이후부터 자유로운 삶을 만끽하고 있다. 필자가 두려워하는 이는 오직 하나님뿐이다. 그래서 늘 성령과 친밀한 교제를 나누는 기도의 습관을 놓치지 않으려고 하고 있다. 필자는 성령과 동행하는 삶을 살면서 놀라운 자유를 누리며 살고 있다. 그러므로 필자의 자유로운 삶의 공급원은 성령이시다. 이참에 성령께서 필자에게 해 주신 약속의 말씀을 올려드리겠다.

* 사역에 필요한 모든 것을 준비할 테니 염려 말라.
* 재정적인 것은 네 나이가 다할 때까지 돕는 자들을 보낼 것이다.
* 만석꾼이 부럽지 않은 자를 가진 것이 얼마나 아름다운고?
* 산과 강이 있는 곳으로 너희를 부른 것은 기도하기 좋은 환경에서, 나를 섬기고 가르치며 사랑하는 주님과 함께 영원히 살게 하려 함이

니라.

* 한적한 곳으로 너희들을 인도한 것은 기도훈련과 더불어 육신에 휴식을 주기 위함이고, 기도하는 자들에게 영육 간에 복을 주기 위함이다.

* 돈에 구애받지 않게 해 주겠다.

* 도와주는 영이 너희와 항상 함께 있으리라.

* 주 안에서 아름답게 사는 너희는 하나님께 은총을 받은 자들이다.

* 먼지 같은 너를 돌보는 영은 그리스도의 영, 성령이시다.

* 영원히 목마르지 아니하는 샘을 너희는 가지고 있으니, 주리고 목마른 자들에게 샘에 와서 먹고 마시게 하라.

* 너희들이 주리고 목마른 영혼을 잘 인도하고 그들을 영생의 길로 인도하면, 내가 너희들에게 이 땅에 있는 동안 무슨 일을 만나든지 형통하게 하리라.

* 영혼의 주인이 너희 삶을 지배하니 얼마나 기쁘냐?

4

어떻게 하나님의 인도를 받을 것인가?

—

필자가 영성학교를 시작하기 전, 대전의 원룸에서 두어 가정과 더불어 자그마한 교회를 섬기고 있을 때였다. 서울에서 늙수그레한 부부가 찾아왔다. 남편은 장군 출신이었으며 아내는 목사의 신분이라고 밝혔다. 부부 사이에 문제가 많아 상담하러 왔다고 하면서, 자신들이 예전에 겪은 사건에 대해 담담하게 말해 주었다. 그러니까 남편이 육군소장이었던 시절이다. 그분은 육군에서 새로운 전략부대를 창설하다시피 하여, 그 공로로 소장까지 진급하였다고 한다. 그런데 육군본부에서는 부대 규모가 점점 커지자 지휘관을 소장에서 삼성장군으로 부대를 맡기려고 준비 중에 있다는 소식이 들려왔다. 그때 아내는 보험회사에서 설계사로 근무하고 있었다. 실적이 좋아서 고객도 많고 수입도 무척이나 좋았다. 남편이 장군이라고 해서, 커리어 우먼으로서의 자신의 직업을 놓을 생각이 없었다.

그러던 어느 날 꿈을 꾸게 되었다. 과거에 소장으로 진급을 하던 때, 부부 동반으로 축하연이 열리고 당시 삼성장군이던 군단장이 남편에게 소장 계급장을 달아 주었다. 그런데 꿈에 소장 계급장을 달아 주었던 삼성장군이 나타나서, 남편에게 황금빛으로 빛나는 별 3개가 나란히 붙은 중장 계급장을 어깨에 달아 주는 것이었다. 꿈이 너무 생생해서, 깨고 나서도 설레는 마음이 진정되지 않았다. 그러나 이건 하나님께서 남편을 삼성장군으로 진급시키려는 축복이라고 결론을 내렸다. 그리고 지금 보험회사에 있을 때가 아니라고 생각해서, 그 길로 보험회사를 퇴직하고 남편의 진급을 위해 백방으로 뛰기 시작했다. 그러나 결론은 진급에 실패했고 군복을 벗고 전역하였다. 아니, 하나님이 꿈으로 생생하게 보여 주었는데, 왜 이런 결과가 되었는지 몹시 당황스럽고 혼란스러웠다며 말을 마쳤다. 수많은 크리스천들이 이런 일을 종종 겪게 된다. 자신이 꿈을 꾸거나 기도할 때 드는 생각이 하나님의 뜻이라고 여기곤 한다. 물론 하나님은 기도할 때 드는 생각이나 꿈 등으로 자신의 뜻을 나타내실 수 있다. 그러나 대부분의 크리스천들은 이를 분별하는 분별력이 없다. 분별력은 하나님이 주시는 지혜의 일종이나 은사이다. 분별의 은사는 선과 악을 분별하는 것이다. 즉 하나님의 뜻과 악한 영의 속임을 분별하는 것이다. 그러면 어떻게 하나님의 인도하심을 받아서 순적하고 형통한 삶을 살아가는지에 대해 살펴보자.

날마다 성경을 읽어서 성경 지식을 쌓아 두라

하나님의 인도하심을 받으려면, 하나님이 어떤 생각을 가지고 계신지 알아야 할 것이다. 하나님의 뜻이 기록된 책이 바로 성경이다. 그러므로 성경을 보면 하나님의 뜻에 대해 훤하게 알 수 있다. 그래서 오래전부터 교회에 다니면서 성경을 읽고 성경공부를 해 왔으며 많은 설교를 들어온 당신은, 해박한 성경 지식으로 하나님의 뜻을 훤하게 알고 있는가? 아마 대다수의 크리스천들이 여기에 동의할 것이다. 그러나 성경은 백과사전이나 문제풀이 참고서가 아니다. 그래서 당신이 알고 싶어 하는 항목들이 일목요연하게 기록되어 있지 않다. 성경의 장르는 여러 가지이다. 역사, 예언, 시, 편지 등으로, 성경의 인물을 중심으로 하여 갖가지 사건으로 이어진 이야기들로 되어 있다. 그래서 통찰력을 가지고 촘촘히 읽지 않으면, 하나님의 뜻을 사변적이며 관념적으로 이해할 수밖에 없다. 말하자면 옛날이야기나 무협지를 읽은 것과 다르지 않다. 성경의 내용은 알겠지만, 그 내용대로 현실의 삶에 적용하는 것은 별개의 일이라는 것이다. 그래서 크리스천들이 교회 다니면서 주워들어 성경의 내용은 적지 않게 알고 있지만, 하나님의 뜻을 삶에 적용하지 못하고 세상의 지혜와 인본적인 생각으로 살아가고 있다. 문제는 그게 전부가 아니다. 성경을 읽거나 들을 때 자신이 처한 상황이나 환경, 이해도, 신앙의 수준에 따라서 이해되는 것이 천차만별이다. 어린아이는 성경을 옛날이야기로 알 것이고 청소년들도 이해하기 어렵고, 성인이 되어서야 비로소 이해할 수 있는 수준이 되지만 성경의 곳곳에 숨어 있는 하나님의 뜻을 깨닫기 위해 열정을 품지 않는다면, 하나님의 뜻이 무엇인지 모른 채 교회 마당만 밟을 뿐일 것이다.

그렇기 때문에 매일 성경을 구체적으로 읽어서 성경의 내용에 해박해야 한다. 성경을 읽는 목적은 성경대로 살려는 것이 아닌가? 그런데 성경 속의 하나님의 뜻에 무지하다면 어떻게 인도함을 받을 수 있겠는가? 또한 자신이 처한 상황이나 환경, 믿음의 수준에 따라서 성경 속의 내용이 받아들여지는 것이 천차만별이기 때문에, 항상 성경을 읽는 습관을 들여야 한다. 그러나 문제는 성경을 읽는 것이 재미없다는 것이다. 이미 아는 내용을 재탕, 삼탕 하는 것은 맥 빠지고 무료한 일이기 때문에 대부분의 크리스천들이 성경을 매일 규칙적으로 읽지 않는다. 하나님을 만나는 통로는 기도와 말씀이다. 성경을 매일 읽어야 하는 이유는, 말씀을 통해서 하나님이 어떤 분이신지, 우리에게 무엇을 요구하시는지 명확하게 알 수 있기 때문이다.

또 성경을 대할 때 하나님을 만난다는 기대감을 가지고 읽어야 한다. 성경 읽기가 귀찮고 재미없는 이유는 하나님을 경외하지 않으며, 우리는 태어날 때부터 변질된 자아로 인해 하나님을 마음에 두기 싫어하기 때문이다. 그래서 하나님을 마음에 두기 싫어하는 완악하고 불순종하는 마음을 꺾고 그분 앞에 복종할 때에, 하나님께서 인생을 선한 길로 인도하실 것이다.

하나님과 깊은 사귐의 기도를 습관으로 들이라

하나님께 인도함을 받는 필수적인 통로는 기도이다. 기도란 영이신 하나님과 내 영혼이 교제하는 통로이기 때문이다. 그러나 우리네 교회는 기도를 마치 부자 하나님으로부터 자신이 원하는 축복이나 성공, 문제해결을 얻어내는 수단으로 여기고 있다. 그래서 희생의 강도를 더해서 하나님의 목을 조르고 있으니 기가 막힌 일이다. 왜 성경을 읽어도 재미가 없고 성경에서 하나님의 뜻을 걸러내지 못하는지 아는가? 하나님과 깊고 친밀한 교제의 기도가 없기 때문이다. 하나님과 깊고 친밀한 교제를 통해서, 성령께서 우리 안에 들어오셔서 하나님의 뜻을 깨달을 수 있는 지혜와 통찰력을 주신다. 그러나 이런 기도를 동반하지 않는 성경 읽기는, 단지 성경 지식을 머리에 쌓아 두는 행위밖에 되지 않는다. 성경을 읽는 이유는 성경대로 살기 위해서가 아닌가? 그러나 성경은 오래전 이방나라에서 일어난 사건이나 역사에 대한 책이지, 현대를 살아가는 우리에게 걸맞은 환경이나 상황이 아니며 우리가 원하는 내용을 말해 주지도 않는다. 그래서 성경 속에서 하나님의 뜻을 걸러내어서, 세상을 다스리시는 하나님의 원칙이나 원리 등을 파악해서 삶에 적용해야 풍성한 열매를 맺게 된다. 말하자면 성령께서 깨달음을 주셔야 한다. 그렇다면 방법은 단 하나, 성령과 깊고 친밀한 교제를 통해 사귐이 있는 기도를 해야 할 것이다. 그렇다면 첫사랑을 하던 젊은 시절로 돌아가서 애인을 사귀듯이 기도해야 하지 않겠는가? 세상을 지으시고 우주를 운행하시며 인간의 생사화복을 주관하시는 하나님께서 우리의 영혼을 천국에 들이시거나 지옥으로 던지실 수 있는 분이라는 것을 깨닫는다면, 하나님을 만나는 기도에 목숨을 걸어야 할 것이다. 그러나 앞에서 언급했듯이, 사람들은 태어날 때부터 죄성으로 변질된 자아를 가지고 있어서 하나님을 마음에 두기 싫어하기 때문에 기도를 기피한다. 그러나 기도는 선택의 여지가 없는 일이다. 목숨을 걸고 매일같이 쉬지 않고 하나님의 이름을 부르며 전심으로 성령의 내주를 간구하는 기도를 해야 한다. 성경의 위인들은 그런 기도의 습관을 들여서 하나님과 동행하는 삶을 살게 되었다.

하나님께서는 우리에게 성경말씀 외에도 꿈이나 환상, 영음을 통해서 계시해 주신다. 그러나 성경을 읽어도 깨달음이 없으며, 꿈이나 환상, 영음을 분별할 수 있는 분별력이 없다면 하나님의 뜻인지, 악한 영이 속이는 계략인지 알 수가 없다. 그래서 성령과 깊고 친밀한 교제를 통해서 하나님이 주시는 깨달음과 지혜의 일종인 분별력을 얻어야 할 것이다. 그러나 아쉽게도 우리네 교인들은 하나님과 사귐이 있는 기도에 대해 무지하다. 또한 쉬지 않고 하나님과 교제하는 기도의 습관을 들이려고 하지 않는다. 교회에 와서 예배의식을 드리고 각종 희생적인 신앙행위를 하지만, 정작 하나님을 만나려고 하지 않는다. 기가 막히는 일이다. 이는 교회지도자가 사귐 있는 기도를 하지 않기 때문에 교인들에게도 이런 기도를 가르칠 수 없는 것이다. 예수님은 깨어서 항상 기도하라고 명령하셨고 사도 바울은 쉬지 말고 기도하라며 권면하였는데, 우리네 교회는 목회자들조차 하루에 30분도 기도하지 않는 게 우리가 마주한 차가운 현실이다.

자신의 생각이나 욕심, 고집을 내려놓으라

만물보다 거짓되고 심히 부패한 것은 마음이라 누가 능히 이를 알리요마는(렘 17:9)

전에는 우리도 다 그 가운데서 우리 육체의 욕심을 따라 지내며 육
체와 마음의 원하는 것을 하여 다른 이들과 같이 본질상 진노의 자
녀이었더니(엡 2:3)

너의 행사를 여호와께 맡기라 그리하면 네가 경영하는 것이 이루
어지리라(잠 16:3)

　당신의 인생을 하나님께서 인도해 주시기를 원한다면, 당신의 생각과
욕심, 계획을 버려야 한다. 그러나 아쉽게도 모든 크리스천들은 하나님
의 축복과 도우심으로, 자신이 원하는 인생을 살고 성공하며 행복하게
살고 싶은 목적으로 교회예배에 참석하고 희생적인 신앙행위를 하고 있
다. 하나님을 자신의 주인이 아니라 도우미나 종으로 여기고 있으니 하
나님께서 만나 주실 리가 없다. 새벽기도나 기도원에서 기도하는 내용
을 들어 보라. 그 어디에도 하나님의 뜻이란 없다. 죄다 자신이 원하는
욕망이나 문제를 해결하려는 것뿐이다. 그러면서 입만 열면 "주여 주여"
하면서 하나님을 주인으로 부르고 있다. 그러므로 하나님이 당신의 인
생을 인도하시기를 원한다면, 먼저 당신의 생각이나 욕심, 고집을 내려
놓고 하나님의 뜻이 무엇인지 성경을 묵상하며 하나님과 교제하는 기도
를 시작하라. 그러나 여전히 자신의 생각이나 희망사항이 이루어지기를
고집한다면, 하나님께서 당신의 인생을 인도하신다는 생각을 버려야 할
것이다. 여러분은 하나님의 종이자 피조물로 지으심을 받았고, 하나님

께 영광을 돌리고 찬양을 드리는 목적으로 이 땅에 태어났다는 사실을 잊지 말라. 종이 주인 노릇을 하려고 하니까, 당신의 영혼이 건조하고 냉랭하며, 삶이 고단하고 팍팍한 것이다. 이는 하나님이 당신을 어둠에 버리셨기 때문이다.

하나님의 뜻을 찾으려는 마음으로 조심스럽게 전진하라

맹인이 지팡이를 더듬거리며 길을 걸어가는 모습을 본 적이 있을 것이다. 그 지팡이는 휴대하기 좋게 접어서 옷 안쪽에 넣어 두고 있다가, 필요할 때 꺼내어 길게 펼친다. 맹인은 앞이 안 보이기 때문에 지팡이를 더듬거리면서 어느 방향이 길로 연결되어 있는지를 민감하게 체크를 한다. 그래서 담으로 막혀 있으면 다시 다른 방향을 더듬거린다. 그래서 열린 방향을 찾으며 조심스럽게 발걸음을 옮긴다. 그러다가 다시 막히면 또다시 열린 방향을 찾으려고 민감하게 지팡이로부터 오는 신호를 감지한다. 당신이 결정해야 할 수많은 일들이 있을 것이다. 대학과 학과를 결정하고 직장을 선택하며 배우자를 얻는 것과 같은 굵직한 일들에서부터, 치과 선택이나 가전제품 구매 등과 같은 소소한 일들까지 당신의 결정을 기다리고 있을 것이다. 만일 잘못된 결정을 한다면 막대한 시간을 허비하고 귀중한 재산의 손실을 경험할 것이다.

그러나 성경을 아무리 읽어 보아도 결정의 단서가 되는 내용은 없다. 그래서 사람들은 기도할 때 드는 생각이나 꿈 등을 통해서 이를 알고 싶어 한다. 어떤 이는 신령하다는 목회자를 찾아가서 조언을 얻기도 한다.

그러나 그런 결정이 과연 하나님의 뜻인지 어떻게 알 수 있겠는가? 필자도 실패한 인생을 살았기 때문에 하나님께 지혜를 무던히도 구했다. 그래서 오랜 시간 후에 하나님의 뜻을 알아내고 하나님이 인도하시는 삶을 어느 정도 알게 되었다. 하나님이 기도할 때 드는 생각이나 꿈, 환상으로 인도하실 수도 있지만, 당신이 분별력이 없다면 미혹의 영에게 속기 쉽다. 그래서 평소에 성경을 읽어서 해박한 성경 지식이 있어야 한다. 성경에서 금지하는 내용은 하나님의 뜻이 아니기 때문이다. 그러나 성경 지식이 없다면 하나님의 뜻에 대해 무지할 것이다. 또한 하나님과 깊고 친밀한 교제의 기도가 없다면 하나님께서 주시는 깨달음으로 삶에 적용할 지혜도 없으며, 꿈과 환상, 영음 등으로 인도함을 얻을 수도 없다. 그러나 성령과 깊고 친밀한 교제를 나누는 자녀라면, 하나님이 어떻게 자신의 삶을 인도하시는지 잘 알고 있다. 그리고 그 증거는 풍성한 열매를 맺는 삶으로 증명이 되고 있을 것이다. 그러나 기도할 때 드는 생각이나 꿈으로 말씀해 주시는 일은 거의 없다. 하나님이 함께하신다고 믿는다면, 당신이 주변 환경이나 상황을 지혜롭게 살피고, 전문가의 조언이나 인터넷 검색, 아니면 주변 사람들의 조언을 듣고 지혜롭게 판단하여 실행에 옮기라. 상황이 순적하게 진행되면 계속 나가라. 그러나 일이 풀리지 않고 상황이 어렵다면 무리하게 하지 말고 중지하고 다른 길을 찾아보라. 그래도 모르겠다면 중단하고 기도하면서 환경이 열리고 사람을 붙여 주어서 순적하게 길이 열릴 때까지 기다리라. 일이 잘 안 된다고 조급해하지 말라. 하나님은 전능하신 분이다.

예수께서 대답하시되 진실로 진실로 네게 이르노니 사람이 물과 성령으로 나지 아니하면 하나님의 나라에 들어갈 수 없느니라 육으로 난 것은 육이요 영으로 난 것은 영이니 내가 네게 거듭나야 하겠다 하는 말을 놀랍게 여기지 말라 바람이 임의로 불매 네가 그 소리는 들어도 어디서 와서 어디로 가는지 알지 못하나니 성령으로 난 사람도 다 그러하니라 (요 3:5~8)

예수님은 육체의 사람에서 성령의 사람으로 다시 태어난 사람만이 천국에 들어가는 자격을 얻는다고 말씀하셨다. 그리고 그 증거로 성령의 사람은 자신의 생각이나 계획대로 사는 것이 아니라, 하나님의 음성을 듣고 하나님의 뜻을 따라 살게 된다. 마치 바람이 제멋대로 부는 것같이, 성령으로 난 사람은 오직 성령께서 인도하시는 삶을 통해 증명된다. 전지전능하신 하나님인 성령이 인도하시는 삶을 살 때 성령의 능력과 놀라운 기적, 이적이 일어나며, 삶과 영혼, 그리고 신앙과 사역에 풍성한 열매를 맺게 된다. 이러한 삶을 살고 싶다면 이제까지 살펴본 4가지 사항을 마음에 새겨야 할 것이다. 이 4가지 사항이 하나님이 당신의 인생을 선한 길로 인도하시는 원리이기 때문이다.

에필로그

　겨울의 등을 떠밀며, 어디선가 기지개를 켜고 있을 봄을 재촉하는 이
슬비가 촉촉하게 대지를 적시는 오후이다. 대다수의 사람들은 먹고사는
일에 빠져서, 교통체증을 일으키는 비가 반갑지 않을뿐더러, 옷이라도
젖을세라 우산을 받쳐 든 발걸음을 재촉하기에 바쁠 것이다. 필자도 오
랫동안 먹고사느라 바빠서, 계절이 오는지 가는지 모르고 살았던 시절
이 있었다. 그러나 사람들은 한 푼이라도 벌 수 있을 때, 악착같이 벌어
쌓아 두어서 노후를 안락하게 즐기고 싶어 한다. 그래서 문득 '안락'이라
는 단어를 사전에서 찾아보았다. 근심, 걱정이 없이 몸과 마음이 평안하
고 즐거움이라고 기록되어 있었다. 아마 세상의 모든 사람들이 이렇게
안락하게 살고 싶어 할 것이다. 그래서 평생 돈을 벌어 쌓아 두느라, 정
신없이 세월을 보냈던 우리네 인생 선배들이나 부모님이 그러한 인생을
누렸는지 찬찬히 살펴보시라. 대다수는 아니라고 고개를 저을 것이다.
평생 뼈 빠지게 벌어도 밑 빠진 독에 물 붓는 것과 다름없어서, 늘그막에
가난의 그늘만 드리운 채 자식들을 손만 바라보다 떠난 이들이 대다수

일 것이며, 설령 남다른 부를 쌓아 둔 이들이라도 평안한 삶이 아니라 재산을 지키느라 악다구니를 하거나 구두쇠가 되어 손가락질을 받다가 이 땅을 떠나갔을 것이다. 이처럼 그 어디에도 안락한 인생은 그들과 상관이 없었다. 왜 그럴까? 그 이유는 돈이 안락하고 평안한 인생을 보장해 주지 않기 때문이다. 그래서 늦게나마 돈이 주는 안락함이 신기루에 불과하다는 것을 깨닫지만, 돌이킬 시간이 없다는 것을 받아들이고 이 땅을 떠나가곤 한다.

필자도 대학을 졸업하고 군에 다녀와서, 청운의 꿈을 품고 서울에 직장을 다니러 상경했던 시절이 있었다. 여러 회사를 옮기다가 한 외국인 회사를 끝으로 직장생활을 그만두었다. 왜 그랬는지 아는가? 그때 회사가 있었던 양재동에서 필자의 집이 있는 부천 중동까지 왕복 4시간을 운전해서 출퇴근을 하는 게 지옥 같았기 때문이다. '하루 4시간을 운전해 직장을 다니면서 아침 새벽부터 밤늦게까지 파김치가 되도록 일하는 게 사람이 사는 게 아니다.'라는 생각에 폼나게 사표를 쓰고 직장을 나왔다. 그리고 30대 초반에 거창하게 시작한 사업이 쫄딱 망해서, 그때부터 인생이 무지막지하게 떠내려갔다. 곰을 피하려다 호랑이를 만난 격이었다. 그러나 인생은 연습이 없으며, 지나간 과거는 돌이킬 수가 없다. 필자가 예전에 즐겨 부르던 유행가가 〈과거는 흘러갔다〉였다. 그래서 이참에 그 노래의 가사를 좀 옮겨 보겠다. "즐거웠던 그날이 올 수 있다면 아련히 떠오르는 과거로 돌아가서 지금의 내 심정을 전해 보련만 아무리 뉘우쳐도 과거는 흘러갔다." 이 노래를 모르는 젊은이들은 유행가를 부르면서 지나간 과거를 추억하는 중년의 마음을 어떻게 알겠는가?

그렇게 세월이 살같이 빨리 지나서, 이제 필자는 머리에 서리가 하얗게 내려앉은 초로의 중년이 되었다. 그러나 청춘이 하루아침에 사라진 것에 대한 회한은 없다. 필자가 즐거운 인생을 살았다면 혹 모르겠지만, 지나온 필자의 인생은 고단하고 팍팍한 삶, 그 자체였기 때문이다. 그렇다면 지금 필자의 인생은 어떤가? 솔직히 말해서 필자는 지금이 가장 행복하다. 왜 그런지 아는가? 미래에 대한 걱정과 염려가 없기 때문이다. 그렇다고 죽을 때까지 쓸 재산을 쌓아 놓은 부자도 아니고, 매달 넉넉한 연금이 통장에 들어오는 연금생활자도 아니다. 필자가 내는 건강보험료는 딱 만 원이다. 말하자면 극빈층에서 빈곤층 사이에 있는 셈이다. 그러나 먹고살 것이 걱정이 안 된다. 아하! 필자가 목회자니까, 우리 영성학교 공동체 식구들이 꼬박꼬박 내는 헌금으로 먹고사니까 그렇다고? 그럴지도 모른다. 그러나 그것도 틀렸다. 영성학교는 날마다 기적이 일어나야 유지되는 곳이다. 그러니까 교회를 세웠다고 생활비가 보장되는 곳이 아니다. 과거에 기적이 일어난 것이 아니라, 오늘은 물론이고 날마다 기적이 일어나야 한다. 그러므로 여러분도 필자의 고민이 무겁다는 것이 이해가 되실 것이다. 그러나 걱정한다고 해서 해결되는 것도 아니고, 솔직히 말해서 필자가 할 게 아무것도 없다. 그래서 걱정하지 않는다. 그동안 필자가 30년 가까운 세월을 고단하게 살았으므로, 그 삶의 무게를 모르지 않는다. 그러나 지금의 가볍고 자유로운 인생을 살게 해 주신 분이 하나님이셨으므로, 행복한 인생의 동력을 어떻게 얻었는지 몸으로 알지 않았겠는가? 그래서 걱정하지 않는다.

필자가 가장 행복한 때가 언제인지 아는가? 바로 서재의 창문에서 보이는 뒷동산의 자연을 바라볼 때이다. 사시사철 나무들이 아름다운 풍광을 연출하는 것을 아무 생각 없이 바라볼 때가 가장 행복하다. 때로는 새들이 창문턱에 앉아서 고개를 갸우뚱하는 것도 즐거운 광경이고, 가끔씩 산토끼나 다람쥐가 부지런히 돌아다니는 모습을 바라볼 수 있는 행운을 얻기도 한다. 필자가 이렇게 여유를 부리며 삶을 관조할 수 있게 된 것은 하나님과 동행하면서 인생을 살아가기 때문이다. 그래서 늙어가는 육체도 걱정되지 않고, 재산 한 푼이 없어도 염려하지 않으며, 늘그막에 봉양할 자식들이 없어도 불안해하지 않는다. 하나님과 동행하는 기도의 비결을 알고 있기 때문이다. 그래서 필자의 행복의 동력을 여러분에게도 나누어 주고 싶다. 필자가 나누어 준다고 해도 줄어들지 않으며, 아무리 퍼부어 주어도 없어지지 않기 때문이다. 당신은 지금의 인생이 행복하신가? 아니라면 필자처럼 쉬지 않고 하나님을 부르는 기도의 습관을 들이시라. 그러면 평생 경험하지 못했던 놀라운 행복을 거머쥘 수 있다. 예수님께서 하나님의 나라는 우리 안에 있다고 말씀하시지 않았는가? 이 땅에서 천국을 누리는 비결을 얻었다면, 영원한 천국을 보장받은 것이나 다름없다. 그래서 새봄을 재촉하는 촉촉한 봄비가 내리는 고즈넉한 오후에, 당신에게도 이 행복의 비방을 나누어 드리고 싶어 이글을 써 본다.

크리스천 영성학교, 쉼목사

하나님을
만나는 법

ⓒ 신상래, 2020

초판 1쇄 발행 2020년 9월 11일
　　2쇄 발행 2025년 2월 15일

지은이	신상래
펴낸이	이기봉
편집	좋은땅 편집팀
펴낸곳	도서출판 좋은땅
주소	서울특별시 마포구 양화로12길 26 지월드빌딩 (서교동 395-7)
전화	02)374-8616~7
팩스	02)374-8614
이메일	gworldbook@naver.com
홈페이지	www.g-world.co.kr

ISBN　979-11-6536-724-4 (03210)